살아있는 혈토의 비밀을 찾아서

풍수와 건강궁합

유경호 지음

살아 숨쉬는 혈토

하남출판사

옥(玉)광산에서 옥의 기를 받고 있는 모습.
머리위로 강한 기가 흐른다.
- 뒤편이 춘천 옥광산에서 가장 굵은
  옥의 맥이다.

혈토를 손으로 비벼
가루로 만드는 모습

옥(玉)의 가루에 올라서니
수맥의 파장이 차단된 모습

강가의 다리 위는 수맥의 파괴력이 잡힌다.

강에는 수맥 파장이 흡수되어 파괴력이 올라오지 않는다.
- 따라서 수상가옥이 있는 곳의 더운 나라는
  육지인들 보다 병자가 없다.

수맥이 지나가는 곳에 자라는 나무는 반드시 수맥의 파괴력에
고통스러워 휘어져서 자라는데 수명이 짧다.
- 수맥의 영향으로 꼬이며 자란 향나무

수령 300년의 고목나무 - 수령이 오래된 곧은 나무 뿌리에는
절대 수맥이 흐르지 않는다.
- 시골 마을 어귀에 정자나무 밑에서 노는 모습을 연상하면
  그 자리는 몸에 유해한 일이 없다.

도로의 바닥이 수맥의 파괴력에 균열이 심하다.

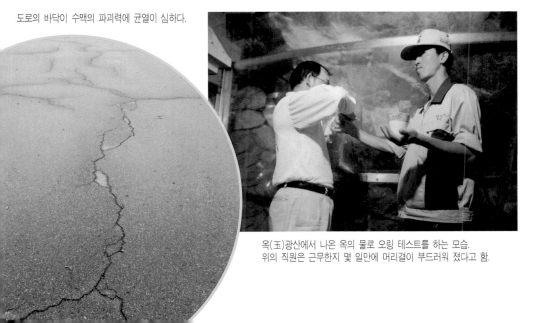

옥(玉)광산에서 나온 옥의 물로 오링 테스트를 하는 모습.
위의 직원은 근무한지 몇 일만에 머리결이 부드러워 졌다고 함.

동판 위에서 수맥의 파장을 측정하는 모습.
- 일부 차단

황토 위에서 수맥의 파장을 측정하는 모습.
- 일부 차단

숯 위에서 수맥의 파장을 측정하는
모습. - 차단. 팔만대장경을 보존하고
있는 해인사의 바닥에는 소금과
함께 상당량의 숯이 묻혀 있음.

소금 위에서 수맥의 파장을 측정하는 모습. - 차단

현장에서 동판과 숯 그리고 소금으로 수맥을 방지한 후
측정하는 모습 - 동판 숯 옥 소금 황토 등은 드껍게 할 경우
수맥을 차단하는데 대단히 우수한 작용을 한다.

풍수와 건강궁합

살아있는 혈토의 비밀을 찾아서…

풍수와 건강궁합

유경호 지음

 하남출판사

건축 회사에 재직 시 두꺼운 콘크리트 옹벽에 금이 가는 위험을 보면서 수맥에 대한 연구를 하게 되었다. 어느 정도 하다 보니 땅을 쳐다보기만 해도 물의 흐름을 알 수 있었다. 그 후 각종 광산이나 지하 매설물을 찾으러 다니기도 했다. 그러던 어느 날 일간스포츠에 조그마한 기사가 되어 나의 프로필이 실렸다.

미국에서 오양의 단독 취재로 유명한 스포츠투데이 신동립 기자가 취재를 해주었다.

문의 전화가 와서 이런 저런 이야기를 하며 답변을 해주는데 거의가 묘에 대한 질문을 하는 것이었다. 그 후 많은 시간을 이산 저산을 기웃거리며 닥치는 대로 묘나 장의사를 찾아다니고 심지어 병원에 가서 자료를 얻기도 하고 내노라는 선생들을 섭렵하며 오늘에 이르렀다.

그 후 정신나간 짓 한다는 이유로 직장을 잃고 말았으나 생각을 바꾸기로 했다. 지구가 태양을 돌고 있는데 지구에서 사는 우리는 태양이 지구를 도는 것으로 생각을 하고 살고 있는 것처럼 착각의 터널을 빠져 나오기로 하였다. 라이트 형제가 하늘을 나는 꿈을 꾸듯이, 에디슨이 둥둥 떠보기 위해 가스를 먹은 것처럼, 감히 비교할 수는 없지만 삼면이 바다인 우리 나라에서 석유나 가스의 매장이 풍부한 곳을 찾는다는 기쁨에 잠을 설치고 있다.

그러나 지금은 전화 한 통화로 생명을 살리고 기존의 정밀하지 않고 개괄적인 풍수가들의 목소리를 줄여 건강한 삶을 찾을 수 있고 과학적이며 체계적인 건강과 풍수를 접목할 수 있는 계기가 되었으면 하는 생각으로 마침표를 찍는다.

머리말

21세기가 되면 나는 무엇을 하고 있을까? 막연한 호기심으로 지내왔다. 멋진 시계를 차고 근사한 구두에 양복을 입고 다방에 앉아 입담이나 나누며 한가로이 시간을 보낼 수 있을까 궁금해하기도 했었는데 그 시간이 벌써 코앞에 다가왔다.

생각해 보면, 아주 어렸을 때 나는 고향인 흑석동에 있는 이씨 종중 묘에서 봉분을 탱크 삼아 야생 고양이와 어울려 놀았고, 초등학교 때는 소풍을 가기만 하면 십중팔구 국립 묘지이거나 다른 무덤 가였다.

그러던 내가 장성을 하여 전화로 조상의 성명만 대도 묘를 판정할 수 있게 되었으니, 내 초능력이 잠재적으로 심어진 곳은 어릴 적 뛰어 놀던 집 뒤의 조그만 무덤이 아니던가 싶다.

인간은 누구나 성공을 원하며 그 성공을 위해 지금 이 시간에도 부단한 노력을 한다. 인생을 많이 살아온 분들은 "세상일은 계획대로 되지 않는다"라고 한다. 하나의 과일이 결실을 맺기 위해서는 토양, 비료, 물, 자연적인 조건, 농부의 땀이 골고루 필요한 것이다.

무엇이 성공이며 무엇이 행복일까 하는 의문에 관한 연구는 꾸준히 진행되어 왔으며 지금도 진행되고 있다.

나의 이론이 절대적이라고 전하고 싶지는 않다. 주술사에게 가는 환자들을 보면, 의사가 손을 놓았을 경우에나 죽기 살기로 매달리지 처음부터 신에게 매달리지는 않는다. 그러나 현명한 사람이라면 한번 되짚어 판단할 필요가 충분히 있다고 역설하고 싶다. 왜냐면 우리가 세상에 태어난 것 자체부터 나의 의지로 된 것이 아니기 때문이다.

조물주는 인간이 자연의 이치에 순응하며 살아가도록 만들어 놓았다. 과학이다, 개발이다, 발명이다 하는 것들은 조물주의 이치를 조금 밝혀 내는 것에 지나지 않는다. 우리는 세상의 빛을 보는 순간부터 행복하며 건강하고 풍요로운 삶에 대한 권리가 있다. 그것은 세상의 이치에 따라 사는 것이다. 발전이라는 것은 이러한 자연적인 이치가 무엇인가에 대한 소견을 몇 자 써넣은 것에 불과하다.

건강과 풍수 그리고 수맥은 뗄래야 뗄 수 없는 관계라는 것을 이제야 알게 되었다. 아프고 병들어서 또는 관심이 있어서 조상의 묘를 감결하다 보니, 청룡과 백호가 어쩌고 저쩌고 해도 수맥만 피하여도 명당인 것을 알았으며 수많은 아픔과 고통이 봉분을 지나는 수맥으로 인한 것이었다. 놀라운 것은 시신을 모신 흙이 혈토이면 자손이 무병장수를 누리며, 묘에 수맥이 지나가면 각종 병에 시달리고 고통 속에서 살아가는데 구천을 맴도는 시신의 영혼이 꿈속에서 대화를 시도하는 것이다.

이러한 중요한 일들이 마치 어떤 영감에서 이루어져 시행되는 것으로 판단을 하는 사례가 적지 않아 안타까울 뿐이다.

이 글에서는 묘금〔봉분을 지나간 수맥의 줄기〕에서 더 진일보하여 형기, 이기, 수맥을 망라하여 혈토를 찾는 데 중점을 두었으며 조상의 묘에서 자손에게 연결되는 통신을 꿈으로 표현한 것에 대해 설명하였다.

재주 있는 분들을 만나 배워 보아도 모두들 수맥에 대해서는 무지하였다. 풍수의 '水' 자를 목마를 때 쓰는 '水' 자인 줄만 알고 있는 것이 답답하고 답답하여 나서는 것이니 부족하더라도 이해 바란다.

병상에서 백혈병, 암, 정신병 등의 병마에 시달리거나 부모님이나 형제자매가 젊어서 돌아가신 분들의 면면을 보면 안타까울 뿐이다. 답답한 마음에 병원과 언론사, 환자의 가족에게도 직접 전화를 해서 상황 설명을 하기도

했는데 무시당하기는 수 차례, 더러는 정신나간 사람으로
까지 오인도 받은 것을 숨기지는 않겠다.

산을 늘 돌아다니는데 요즘에는 소나무에 새순이 많이
자라 산이 무척 푸르다. 소나무가 왕성히 자라면 국가에
경사가 이루어진다고 전해진다. 특별히 예언이랄 것까지
는 없지만 동해에 큰 유전이 나오겠으니 말로만이라도 얼
마나 즐거운가!

끝으로 부족한 나의 글을 여름 내내 고생을 하며 책자
로 만들어 주신 하남출판사 관계자 여러분과 수고로움을
마다 않고 여러모로 도와주신 이춘제 님과 허장훈 님께
거듭 감사를 드린다.

1999년 9월
유 경 호

본문에 사용된 사투리나 독특한 말투는 책의 성격상 사실적인 면을
생생히 전달하기 위해서 굳이 표준어로 고치지 않았음을 밝혀 둔다.

차례

제1장 묘와 수맥의 상관 관계

1. 모든 생로병사는 조상의 묘에서 시작한다

근래 수맥에 대한 관심이 많아지면서 그에 대한 상식도 많이 알려지게 되었다.

수맥에 대한 연구가 활발히 진행되고 있는 가운데 묘를 파헤치거나 남의 묘에 칼을 꽂고 쇠꼬챙이를 박기도 하는 문제가 일어나며 이제 장례 문제는 심각한 사회 문제로까지 대두되었다.

조상의 묘를 잘 쓰면 가업이 번창한다는 정도의 말이 우리에게 신앙으로 자리 잡은 지는 오래된 이야기이다.

명당을 쓰고 싶다거나 좋은 터를 이용해서 조상을 모시고 제를 지내며 자손이 잘되기를 기원하는 것을 누군들 마다하겠는가?

필자가 직접 다니면서 묘를 관찰하기도 하고 망자의 이름만을 듣고 판단하면서 현장의 묘와 그 자손들의 안위를 측정해 본 결과, 묘에 묻힌 시신에 수맥이 지나가면 반드시 자손에게 해악을 끼친다는 것을 확인할 수 있었다.

일반적으로 수맥이 지나가면 시신의 유골이 삭아서 끊어지고 만다. 또한 건수가 되어 물이 고이게 되면 부패하여 유골이 썩지도 않을 뿐더러 황골의 모양으로 유지되지 못하기 때문에 자손이 병이 들거나 사고가 나며 심하면 사망에 이르게 된다.

일반적으로 봉분이 꺼지거나 잔디가 시꺼멓게 죽으면 대부분 자리가 나쁘다고 이장을 하려고 계획을 세우거나 손질만을 다시 하기도 하는데, 이렇게 수맥이 지나가는 경우에는 수맥만을 피해서 바로 옆으로 이동을 해주면 큰 문제없이 건강한 삶을 영위할 수 있다.

모든 사고와 병의 근원은 조상의 영혼을 불편하게 하는 수맥에 기인하는 것이다. 묘에 수맥이 어떻게 흐르는가에 따라 자손의 병과 사고가 결정된다.

뜨거운 사막에 한 줄기 수맥은 생명수가 되고 물이 마른 농토에 수맥은 농작물을 살려내며 수맥에 의해 고인 물은 약수가 되기도 한다. 이렇게 수맥은 생명력이 있는 움직임을 갖기 때문에 스스로 주파수를 발산하는데 그 주파수가 닿는 힘에 의해 무생물인 두꺼운 건축물에 균열이 일기도 하고 지표면이 꺼지기도 하는 것이다.

인간이 어디에서 와서 어디로 가는지 우리는 아무도 모른다. 단지 종교적인 설에 의해 사후 세계를 천당과 지옥으로 구분하여 영과 혼의 존재와 그 존귀함을 생각하는 것이다. 조상을 모시고 망자에게 예우를 갖추는 것은 민족마다 그 형식이 틀릴 뿐이지 기본 개념은 모두 같은 것이다. 특별히 조상을 모시는 제사를 해마다 지내는 나라는 우리 민족밖에 없다.

조상에게 제를 지내는 것과 연관되는 것은 머리에서 발산되는 뇌의 파장에너지〔뇌파〕인데 수맥파의 에너지보다 훨씬 힘이 약하다. 따라서 수맥이 흐르는 곳에 묘를 쓴 후 자손이 번창하기를 원한다면 그것은 잘못된 생각이다.

조선조 초기의 훌륭한 풍수지리가들은 수맥을 피하여 묘를 사용하였는데 놀라운 것은 불과 몇 센티 차이로 자리를 찾아 옮겼다는 것이다. 지금처럼 과학적인 도구가 있었던 것도 아닌데 정확하게 수맥을 피한 것은 대단한 능력으로 놀라울 뿐이다.

2. 바이러스에 걸린 묘

인간은 누구나 장수를 하고 싶은 욕망을 가지고 있다. 얼마 전 언론에서 미국인들은 100세는 많고 91세까지 살기를 원한다고 한다. 더 살면 좋겠지만 그것이 주위 사람들에게 피해를 준다면 그것도 못할 짓이라고 생각을 했기 때문일 것이다.

일반적으로 병에 걸리면 병이 오는 원인을 바이러스에 의한 감염이라고 한다. 감기도 식중독도 전염병도 모두가 분석해 보면 무슨 무슨 균에 의한 감염이 원인이라고 결론을 내린다.

불의의 사고는 그 사람의 행동이나 행위가 원인이 된다. 이런 두 부류의 일은 조금만 생각을 해봐도 누구나 쉽게 알 수 있게 된다.

근래에 정보화 시대라 하여 컴퓨터가 대중화되어 세계적으로 컴퓨터와 관계된 정보의 홍수 속에서 살아가고 있다. 컴퓨터는 크게 두 가지로 구분을 할 수 있는데, 사람이라면 육체에 해당하는 하드웨어라는 부품과 생각을 논하는 소프트웨어로 나눌 수 있다. 이러한 컴퓨터도 바이러스에 걸리면 소프트웨어가 고장이 나서 제 기능을 못하고 더 나아가서는 부품을 교체해야 하는 지경까지 이르며 전에 알았던 정보를 잃고 만다. 우습지 않은가? 기계에 병원균처럼 바이러스가 있다는 것이…….

사람은 태어나면서 우주의 기운을 받으며 태어난다고 하여 소우주라 하며, 오행으로 분류하여 팔자를 구분하곤 한다. 그래서 세상 어디를 가도 팔자 속은 못 벗어난다는 말이 있다.

전생에 무엇이었던 인간으로 태어난 것을 가장 큰 행복으로 생각을 하고 살아야 하는데 무슨 놈의 병과 사고가 그렇게 많은지 아파서 병원에 누워 본 사람은 치를 떨고 만다.

영, 혼, 육의 세 가지가 유기적으로〔전파와 같은 주파수로〕연결이 되어 조상, 나, 그리고 자손과의 관계가 유지되고 있으며 모든 아픔과 고통, 그리고 사고의 경우는 분명 조상님의 묘에 원인이 있다고 생각을 한다. 주파수의 바이러스라는 개념이다. 뭔가 좋고 나쁜 파장에 의해 좋고 나쁜 바이러스가 항시 주위를 감돌고 있는 것이다. 컴퓨터는 끄고 안 쓰거나 부품을 교체해도 생명을 갖지만 사람의 생명은 잠시 꺼놓는 스위치가 없기 때문에 항시 영적인 파장을 가지고 자신은 느낄 수 없다 하더라도 조상의 주파수와 교감을 하며 사는 것이다. 그 예로 수면을 취하면 꿈을 꾸는 것을 들 수 있다.

 전술한 것처럼 고칠 수 없는 병마가 오는 것과 불의의 사고가 오는 것은 모두가 조상의 묘에서 발생하는 주파수에 의한 감염이다. 똑같은 음식과 옷, 그리고 같은 터에 사는데도 하필이면 나의 가족에게 사고가 나는 걸까 하고 의아심을 갖지 말고 조상을 바르게 모시고 있는지 한번 확인해 보라. 그것이 불행의 모면은 물론 더할 수 없는 행복을 가져다 줄 수 있을 것이다.

3. 땅 속을 보면 쉽긴 한데

"해(害)만 없게 해주시오." 지관을 모시기 전 아예 이렇게 부탁을 하라.

"특별한 경우가 아니면 해만 없게 해주시오."가 정답일 것이다. 왜냐면 진짜 명당은 찾기도 어렵거니와 경비도 많이 들어 일반인들이 쓰기에는 너무 힘이 든다. 아, 그런데 이 망할 놈의 풍수가 자기의 이익을 위해 말 못하는 시신을 무면허 운전하듯 하며 큰소리만 치는 경우가 있는데 결국은 산벌을 받아 끝이 괴로워진다.

시신이 놓이는 장소를 구분하면 터는 지(地), 향(向)은 천(天), 그리고 사람은 인(人)이 되어 그 뜻을 이루고 있는데, 그 장소가 이치에 맞지 않으면 동기감응론(同氣感應論)에 의해 자손이 발복이 안됨은 물론 패가 망신을 한다.

그렇다면 바람과 물이 어떤 이유로 시신에 해가 되는지는 우리들의 선조에 의한 역사적인 사실이 있기는 하나

결록〔일종의 묘에 관한 족보〕이 보존되어 있지 않아 추측만
할 뿐이다.

조선조 왕이신 세종대왕의 경우 초상을 치른 후 만 19
년 동안 4대 임금이 교체되었고 문종, 단종, 수양, 예종
등이 독살을 당하거나 몹쓸 병에 시달리다 죽어 갔다. 그
이유는 이렇다. 혈은 혈인데 수맥에 걸쳐서 묘를 썼으니
반풍수작용을 한 것이다. 그뿐 아니라 묘를 너무 크게 사
용하였고 시신을 안치하는 기구들 자체에서도 문제점이
있었는데 하관을 하면서 그런 여러 가지 문제점을 해결하
지 못했다.

여기서 명당의 터를 파면 나오는 곱게 된 흙에 대하여
잠시 짚어 보면, 기가 감싸고 있는 터면 나무뿌리가 못
들어온다. 뿐만 아니라 잔디가 무척 잘 산다.

그런 터에 석관을 사용하면 내외부의 밀도가 다르므로
결로 현상이 발생하여 일정 시간이 지나면 이슬이 맺히는
데 이것으로 인해 '수렴(水簾)'이 생긴다. 그리고 관을 잘
못 쓰면 일정 시간이 흐른 후 육탈되는 과정에서 뼈만 남
게 되는데 관이 썩고 시신이 작아짐으로 인한 내부의 공
기 밀도 변화로 인해 함몰이 되다 보면 외부의 공기를 빨
아들이는 순환 작용으로 미세한 바람구멍이 생긴다. 이것
을 '풍렴(風簾)'이라 한다.

풍렴으로 새까맣게
타버린 유골

그러면 수렴과 풍렴이 자손에게 어떤 피해를 주는가?

(1) 물과 악연 - 수렴

경기도 과천에서 가업을 이루며 큰 과수원을 하던 김모 씨는 부친상을 당한 지 8년이 되었는데 자기 동생들과 어머니의 꿈에 자꾸 부친이 나타나는 것이었다. 제를 지내면서 봉분을 보면 잔디가 누렇게 죽어 가고 있어서 모일 때마다 이장을 한다고 말만 하고 계속 미루고 있었는데, 7남매인 형제들 중에 딸인 여동생 두 명을 빼고 남동생인 셋째가 온천엘 갔다가 그만 미끄러져 뇌진탕으로 죽고 만다. 일주일 후 넷째인 동생이 동리 목욕탕에서 사고를 당해 형과 똑같이 죽고 만다. 큰형은 전에 있었던 일들이

상기되었다. 가을에 과일을 따려고 날을 정해 인부들에게 연락하여 약속을 해놓으면 전날 저녁에 이상하게 큰비나 우박이 와서 수확에 번번이 실패한 경험이 있었는데 예사롭지 않게 생각이 되었다.

이장하기로 한 날 온 신경을 써서 묘를 파내 보니, 머리 부분은 퉁퉁 불어서 아예 쳐다볼 수 없을 정도가 되었고 반면 아래쪽은 황골이 되어 아주 좋은 상태로 보존이 되어 있었다. 나는 참관자의 입장이어서 뭐라고 표명은 하지 않았지만 옆으로 1미터 정도를 이장만 하면 좋은 자리인데 하는 아쉬운 마음으로 돌아왔다.

그 묘를 필자가 판단하기에는 목 부분에 수맥이 지나가면서 물이 차서 시신이 부패한 것인데, 그 내막은 이렇다. 아주 미세한 습기 같은 것이 조금씩 모여 물방울을 이루며 8년 동안 진행이 된 것이다. 이렇게 물이 모이고 부패하는 원인은 외부로부터 공기가 유입되기 때문인데 그것은 수맥파의 파괴력에 의해 묘의 하단부가 균열이 되면서 그 틈으로 공기가 유입된 것이다.

이 상태에까지 이르면 서서히 자손에게 신호를 보내는데 요즘의 신기술인 디지털 신호보다 훨씬 빠르고 선명하다. 어머니의 꿈과 자손들의 꿈에 주기적으로 나타나서 괴로움을 호소하더라는 것이다. 그래도 그나마 다행이라고 생각되는 것은 부친의 시신 중앙에 혈토와 수맥이 함께 걸쳐져 있음으로 인해 피해를 보는 자손 중에서도 그

래도 잘사는 형제도 있다는 것이다. 또한 찬바람이 들어
가 얼게 되면 대부분 치명적인 속전속결의 피해를 가져다
주는데 그나마 혈토로 인해 그것마저 약간의 혜택(?)을
본 것이라고 할 수 있다.

시신 부위에 수맥이 닿으면 뼈가 끊어져 고통을 받는다

이와 같은 경우 외에도 수맥이 묘에 걸쳐져 있음으로
인해 여름철에는 익사 사고를, 겨울철에는 동사 및 눈이
나 얼음 위의 낙상 사고를, 또한 목욕탕 등지에서 미끄러
져 사고를 당하기도 하는 것이다.

이처럼 수렴의 대체적인 사고의 유형은 물에 관한 것이
지만 수렴이 시신에 주는 부위별로 자손의 사고도 유사하
게 따라간다. 즉 머리 쪽이면 머리에 병이나 사고가, 다
리 쪽이면 다리에 병이나 사고가 따라다니는 것이다.

더 깊이 논하면, 병을 전염하는 박테리아는 공기 중에
서 수분을 함유하고 있는데 그로 인해 무서운 암과 각종

질환이 유발되는 것이다. 공기 중에 떠도는 유해한 병균이 일정한 파장의 주파수를 타고 몸으로 침투하는 과정이 조상의 묘에서 비롯된다는 것을 필자가 규명하여 알려 주는 것이다.

(2) 에구구, 뜨거워라 - 풍렴

살아가면서 화재를 입었다거나 화상을 입었다면 그것은 모두 풍렴에서 비롯된 것이다. 이러한 사고는 유골이 까맣게 타버리며 손상을 입은 것에서 기인하는 것인데 다른 사고가 국부적인데 반하여 풍렴으로 인한 사고는 전반적이다. 풍렴이 발생하는 내막을 보면, 일반적으로 관의 내부가 함몰하기 시작하면서 관의 크기와 같은 면적의 공간 및 시신의 육탈로 인해 생긴 공간의 면적이 외부와의 유통에서 비롯되기 때문인 것이다. 즉 유골이 있는 내부와 외부의 유통 경로를 통해 바람이 들이치면서 생기는 것이다. 풍렴에 해당되는 자손은 주로 외상을 입고 다치거나 사망한다. 어떤 바람이 풍렴이 되는가에 대한 문제는 더 깊이 연구되어야 할 부분이다.

풍렴을 막기 위해서는 특히 주위의 산세를 잘 보아야 하는데 주로 양택의 원리를 적용해 보면 쉽게 판단할 수 있다. 또한 패철(佩鐵) 2층으로 표기한 팔요풍(八曜風)의 자리로 흉한 바람이 불어오면 서서히 무너지며 타버리는 것이다.

(3) 묘 주위 바람의 움직임

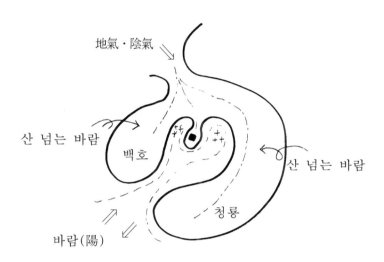

해설

가) 지기와 음기가 묘로 밀려들어온다. 즉 땅은 음이므
로 땅의 기운이 지기의 영향으로 혈에 가서 힘이 될
수 있도록 항시 유지한다.

나) 바람은 양기 표면에서 백호와 청룡의 사이를 통해
당판의 좌우를 돌며 혈을 에워싸는 듯하며 다시 흩어
져 나간다.

다) 백호와 청룡의 외부에서 부는 바람은 양기의 바람
이 아니라 묘에는 별 도움이 안 되는 바람이다.

결론

양기의 바람이 청룡과 백호 사이로 스치며 들어와 혈의 좌우측에 신선한 기운을 만들어 놓는다. 음기의 지기 또한 혈의 자리에 지속적인 기를 뿜어 준다. 그러나 좌우측을 넘나드는 바람은 유해하므로 청룡과 백호가 살아 있어서 외풍을 보호하고 물의 흐름을 유도하는 역할을 하는 것이다.

(4) 가정집의 바람

일반적으로 집으로 부는 바람은 대문으로 들어와야 안정하고 유익한 바람이라고 하고 이것을 또한 기(氣)라 한다. 바람이 집안으로 들어올 때는 대문을 통해 지상의 약 1.5미터 붙어서 들어와야 탁한 기운을 밀어내며 항시 신선한 기운을 스스로 갖게 하는 것이다.

그러므로 집안에 연못이 있으면 바람이 머물기 때문에 집안에 우환이 생기고 고통을 받으며, 큰 나무가 있으면 나무에 빼앗기는 산소에 의해 역시 우환이 초래될 수 있다. 또한 큰 나무는 벼락을 불러들이는 역할을 하므로 반드시 담 밖으로 심는 것이 좋다.

산의 모양과 마찬가지로 담에도 1.5미터 이상의 적당한 높이가 필요하다. 대문은 바람이 통하면 좋고, 직바람을 피하기 위하여 안쪽 문을 대문과 기울기를 주어 만들며 단독주택이나 전원주택의 경우도 방향을 잘 잡으면 흥

(凶)사를 피하고 대길(大吉)할 수 있다.

집터가 안 좋은 것은 전에 묏자리가 있었는데 정리가 안 된 곳이거나 12포태법(十二胞胎法)에 의한 흉지이면 병사를 막을 수 없으며 경매를 당하여 넘어가도 소유주는 계속 반복하여 재앙이 뒤따른다.

나무는 작은 것이 좋고 우물은 없어야 하며 안방의 방위를 가장 중요하게 본다.

(5) 과학적 논리 - 하나

집이나 묘는 좌우측의 담장이나 좌청룡 우백호의 산 때문에 자체의 생기가 흩어지지 않고 응축된다. 버스 내에서 파리가 외부의 바람에 영향을 안 받고 떠있는 원리와 동일하다.

버스 안에 파리가 날고 있다. 버스가 달리면 파리는 버스 내의 공중에 떠서 가만히 있어도 버스의 속도로 움직이는 것과 같다. 그러나 일단 외부로 나와 있으면 버스가 달리는 순간 파리는 제자리에 머물러 있게

되는 것이다.

따라서 묘나 집안에 바람이 들어오게 되면 내부의 동기
감응론에 의해 계속 순환하지만 엄밀히 따지면 외부의 공
기와는 별개의 활동을 하는 것이다.

(6) 과학적 논리 - 둘

달리는 트럭의 짐칸에 파리가 위쪽으로 뜨게 되면 외부
의 영향으로 짐칸 부위를 머무를 수가 없다. 파리가 의도
하는 짐칸의 생활을 유지할 수가 없다.

트럭의 뒤편 짐칸에 파리
가 날고 있다. 트럭이 빠
른 속도로 달리는 경우 파
리가 짐칸의 한계선에 날
고 있다면 트럭의 속도와
같이 달리게 되는데 짐칸의 한계선 위쪽에서 날고 있다면
트럭의 속도와 관계 없이 날아가 버리게 된다.

집안으로 들어오는 바람이 대문을 통하지 않고 담을 타
고 들어오는 경우 내부의 바람과 다르기 때문에 탁기를
몰아내는 데 도움이 안 되는 바람이다. 또한 좌청룡 우백
호의 산등성이를 타고 넘는 바람도 여기에 해당하는 것이
다.

4. 지금도 꿈틀대는 땅 속 - 원인 분석

대부분 시신을 묻고 나서 봉분을 올린 후 떼를 입히는 것으로 장례는 끝이 났다고 생각을 하는데 오히려 그때부터가 중요하다는 걸 알아야 한다.

즉 사자의 육신이 자리를 잡고 누워 있는데 여기저기서 시끄럽게 하고 동식물들이 들어와 상처를 내어 온몸 여기저기에 흉터를 만들고 또한 바람구멍과 물구멍이 유통이 되면 부패가 된다. 견디다 못한 시신은 혼신의 힘을 다해 영혼의 세계에서 이승의 세계로 메시지를 보낸다. '날 좀 살려다오'라고, 처음에는 꿈으로 다음에는 행동으로……

이러한 모든 일들의 원인은 묘터가 명당이든 아니든 관계 없이 묘 밑에 수맥이 흐르기 때문이다.

원래 음택은 일체 외부로부터 간섭을 받지 않아야 좋은 것이다. 장례를 치르면서 묘터를 잡고 파낸 다음 각 지역의 풍습에 따라 입관을 하는데 탈관, 목관, 석관, 스틸관 등 여러 형태로 묻는다. 그런데 한국의 땅은 생기가 많아 어느 지역이든 수맥이 2~5미터 사이로 흐른다.

냇가에 물이 흐르는 것은 쉼터가 되지만 시신 밑으로 수맥이 흐르면 일차적으로 관이나 시신의 외부를 둘러싼 흙에 '균열'이 생기기 시작하기 때문에 다음과 같은 현상이 일어난다.

첫째, 시신을 비롯하여 봉분까지 이유 없이 무너진다.

둘째, 유골이 끊어져 버린다.

셋째, 자손의 꿈에 난타난다.

이와 같이 진행이 되면서 좌우측에 지나가는 건수를 건드리게 되면 입관된 곳에 물이 차게 되고, 수맥의 파괴력을 받기만 하는 경우에는 유골이 끊어지며 잔디[떼]가 죽는 현상이 발생한다.

또한 공간이 생김으로 인해 벌레를 비롯하여 뱀이나 쥐, 나무뿌리가 쉽게 침범을 하는데 전설한 수렴과 풍렴의 경우와는 다르게 자손간에 크고 작은 문제가 발생하게 된다. 쥐는 손버릇을 키우며, 뱀은 주정뱅이가 나오며, 나무뿌리는 질병을 불러온다.

유골의 한 부분이 자연의 침해를 받으면 자손의 그 부분에 급속한 파괴력이 전해져서 사고와 병으로 전달을 받는 것이다. 분명히 짚고 넘어가야 할 부분은 반드시 꿈으로 신호를 보내는데 이것을 이해하지 못하고 시간을 보낸다면 치유할 수 없는 고통이 뒤따른다는 것이다.

5. 수맥의 파괴력 때문에

수맥파가 유골에 영향을 주기 시작하면서부터 육탈이 되고 관이 부패하여 공간이 생기며, 또 수맥파의 파괴력에 의해 틈이 생기는데 〔건물의 아무리 두꺼운 콘크리트의 옹벽도 직접 물과 관계 없이 수맥의 파괴력에 의해서 균열이 생긴다〕 이때부터 묘의 변화가 시작된다.

가) 봉분이 가라앉는다.

나) 떼가 자라지 못한다.

다) 나무뿌리가 들이친다.

라) 수렴과 풍렴이 생긴다.

봉분이 가라앉는 것은 균열로 인해 침하가 일어나기 때문이며, 떼가 자라지 못함은 파괴력에 저항하는 힘을 쓸 수가 없기 때문이다. 그로 인해 벌레가 들어오고 쥐·뱀과 같은 것들이 오가는 통로가 되며, 건수를 모이게 하는 통로가 되어 물이 고이며, 구멍의 유통으로 공기가 출입을 하므로 뼈가 부식된다.

앞에서도 얘기했듯이, 이러한 일로 뱀이 생기면 주정뱅이가 되고, 쥐가 생기면 손버릇이 고약해지며 나무뿌리가 들어오면 원인 모를 병에 걸려 고통을 받게 되는 것이다.

또한 수맥의 파괴력이 지나는 상단에 건수가 있다면 묘에는 물이 차서 뼈가 녹아 없어지므로 매장의 기본적인 효과가 없어진다. 이로 인해 그 자손은 재산과 건강을 잃고 패가 망신하기도 한다.

이러한 것을 쉽게 알 수 있는 예로는, 정부 차원의 개발계획의 일환으로 수몰이 계획된 지역이 있었다. 집터와 묘터가 모두 매몰되므로 이장을 서두르는데 자손이 서울에서 성공을 한 경우와 그렇지 못하여 병을 앓거나 절명을 한 경우를 살펴보면, 묘에서 황골이 나온 경우는 모두 무병 장수하며 가업을 무사히 이어 나가는데 비해 뼈가 끊어져 있거나 까맣게 타 있는 경우는 그 자손이 모두 어려운 처지에 놓인 것을 확인할 수 있었다.

6. 병마와 재난의 고통에서 탈출

　일반적으로 시신에 수맥이 지나가면 그 부위의 뼈는 삭아서 끊어진다. 따라서 괴로워하는 혼은 자기 뼈의 본체를 찾아 달라고 자손의 꿈을 통해서 부위별 고통을 알려준다. 그런데 대부분 사람들은 그 뜻을 이해 못하고 지나치거나 해석을 못하는 무속인을 찾아 괴로움만을 토로하다 시간을 보내며 결국은 사고를 당하고 만다.

　그래도 불안한 감을 느끼고 있는 분들 중에는 조상의 모습이 꿈에 자주 나타나면 이장을 하려고 한다. 여기에 대한 나의 방법은 독특하면서도 간편하다. 수맥을 차단시키거나 시신의 위치를 50센티에서 1미터 정도만 옮기면 되는 것이다. 즉 유골에 닿아 있는 수맥을 벗어나기만 하면 되는 것이다. 어떤 부위든지 수맥이 지나가면 물이 고여 시신이 비정상적으로 부패하게 되고 물이 빠져서 건조되더라도 뼈가 절각이 된 상태로 고통을 받는다. 또한 수맥의 방향에 맞추어서 향(向)을 쓰면 풍수의 방식에도 정

확하게 맞는다. 효창동의 김구 선생과 삼의사 묘가 그 예
이다.

    집안에 흐르는 수맥도 역시 건강에 나쁜 영향을 주기는
마찬가지이다. 한번은 여의도에서 요가 학원을 하는 원장
과 대화를 하던 중에 배우고 있는 분들의 건강 상태와 집
의 구조 도면을 보게 되었다. 그런데 모두가 수맥에 닿는
곳에서 잠을 청하고 있는 것을 알 수 있었다. 요가의 원
리도 호흡을 통해 온몸의 구석구석에 탁기를 제거하는 것
이다.
    건강과 안위를 위하여 종교는 믿을 만하다. 왜냐면, 수
맥파가 아무리 강해도 믿음으로 진행되는 파장을 파괴할
수는 없기 때문이다. 특히 예수의 행적 중 가장 많이 기
적을 보인 것은 병 고침이었다. 그것도 모두 말씀으로.
석가모니는 명상이나 선을 통해 예방 의학을 알려 주었으
니 말이다. 두 손을 모아 기도하면서 염력을 보내면 그것
이 텔레파시로 생각을 바꿔 주며 그 생각은 육체를 변화
시키며 그 변화가 건강을 유지케 하거나 병든 몸을 치유
한다. 또한 무속인들이 다루는 신들도 영험하지는 못하더
라도 개인의 안위를 지키거나 악귀를 막을 힘을 가지고
있기에 충분하다. 단 여기서 종교지도자나 무속인들이 모
두 돌팔이가 아니라는 점이 반드시 전제된 것이어야 한
다.

7. 박정희 대통령 내외분 묘 진단

대부분의 풍수에 관한 글을 쓰는 사람들은 당대에 유명했던 이를 찾아 당시의 역사적인 배경을 가지고 논하는데 올바른 판정을 하려면 그 인물의 조상〔부모, 조부모 때론 증조부까지〕묘를 보아야 올바른 판정이 되는 것이다. 필자도 이름난 인사의 정보에 어두워 아직 세간에 유명한 인물의 조상의 묘를 감결하지 못하였으니 부족하고도 남음이 있다.

또한 묘 자리와 인간성을 결부시켜 이야기를 하기도 하는데 그것 또한 잘못되었다. 박사나 관료나 유명인들이 그 성공에 걸맞게 인간성이 비례하지는 않기 때문이다. 그러므로 묘 자리의 성공은 물리적인 것이지 인간성과는 관계가 없으며 단지 유교 사상에서 선을 베풀면 덕이 생긴다는 이론을 적용한 것뿐이다.

유명 사찰을 돌면서 당대 유명했던 선조들의 묘를 보면, 90% 이상이 잘못된 방식으로 묘를 사용했다. 그들은 적어도 국가를 위해 목숨을 바치거나 위대한 업적을 남겨 후세 자손의 편리함을 도모하였는데 나쁜 자리가 웬말인가? 그것은 후손의 무지함 때문이다. 죽은 자는 말이 없으며 스스로 광중을 찾지 못하기 때문이다.

박정희 대통령 내외분의 묘는 필자의 거처에서 기의 원리로 측정해 보기도 하였다. 그 결과를 그냥 발표할 수도 있으나 보다 신중을 기하기 위해 현장에서 육안으로 측정을 하기로 하여 3회 정도 방문을 하였다. 워낙에 공인이시라 조심스럽게 판단을 해보았다.

보통의 묘는 남좌여우(男左女右)의 배열로 하는데 경북 선산 박씨의 경우는 남우여좌(男友女左)의 배열로 안장을 하였다. 그런데 살펴보니 육영수 여사의 묘부터 문제를 안고 있는 것이었다. 여기서 여러 가지 문제(?)들이 파생된 것이다.

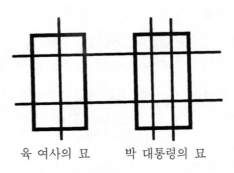

육 여사의 묘 　　　박 대통령의 묘

박정희 대통령 내외분 묘의 구조

진단

육 여사의 묘에는 지금도 물이 꽉 차서 배수가 되지 않아 시신이 부패된 상태로 보존이 안 좋다는 설이 있는데 분명히 알아두어야 할 점은 수맥이 지나가면 물이 차 있는 경우도 위험하다고 하지만 더 무서운 것은 그 파괴력이다. 즉 수맥파장이 닿으면 뼈나 콘크리트, 아스팔트 등이 모두 삭아서 끊어지고 말기 때문이다.

보통 수맥의 선이 묘에 한 줄이 가도 사고와 병을 얻는데 육 여사의 묘에는 그것도 3선이나 너무 정통으로 지나가서 할 말을 잊어버렸다.

이런 경우는 구천을 맴도는 귀신이 자리를 못 잡아 고통을 받기 때문에 그 고통을 벗어나려고 박 대통령을 취한 것이다. 머리로 시작되는 맥이 한강으로 뻗어 있기 때문에 다른 맥의 파장보다 훨씬 강하여 머리 사고를 유발한 것이다. 추측컨대 육 여사의 묘를 쓴 후 박 대통령의 꿈에 자주 나타나서 여러 가지 주문을 하였을 것이다. 뿐만 아니라 분명히 유가족 중 누구에겐가 나타나서 괴로움을 토로하고 고침의 주문을 하였을 것이라는 것이다.

그 후 박정희 대통령이 나란히 옆에 묻히게 되었는데 육 여사의 묘보다는 덜 괴로운 자리이다. 왜냐하면 수맥이 다리와 목 부분으로 가로로 지나가고 강한 파장을 지닌 세로선은 양팔을 지나쳤거나 시신을 피해 갔기 때문이다.

이 상태로 방치해 두면 자손의 안위를 장담하지 못함은 물론이고 때에 이르면 병에서 벗어날 수가 없다. 감히 말을 하겠는데 명당의 자리로는 절대 적합하지 않으며 분명히 문제가 있는 장소이다. 뿐만 아니라 그대로 둔다면 자손의 번영에 엄청난 장애가 되리라 생각을 하며 자손은 기존의 건강마저 잃을 수도 있다.

특히 강조하고 싶은 것은 육 여사의 묘소에 세로로 지나간 수맥선의 한 줄기가 가장 큰 영향을 준다는 것이다.

결론

용(龍), 향(向) 등이 맞지 않은 데다가 목욕룡〔沐浴龍, 패철의 4층으로 판단하는 12포태의 명칭 중에 나쁜 방향의 산자락이라는 뜻〕이라는 물구덩이 터이다.

박정희 대통령의 내외분 묘

진단

가) 국(局) - 金局艮破(금국간파)

나) 규(竅) - 金局外堂右旋內堂左旋絶位艮字天干消水

다) 용(龍) - 金局右旋坤申沐浴龍

라) 향(向) - 金局絶向申坐寅向

마) 결향(決向) - 金局正墓向正坐癸向 을 놓아야 한다.

모든 것에는 근원이 있는데 묏자리의 감결에는 기본적으로 패철을 사용하고, 수맥은 과학으로 증명이 되고 있으니 패철로나 형세적으로 혈(穴)자리라고 잡았을지라도 반드시 수맥을 측정한 후 지정을 해야 한다. 또한 자리가 어쩌고저쩌고 하여도 수맥의 흐름을 파악한 후 향만 잘 잡아도 반명당은 되는데 수많은 공원 묘지나 선산 등을 보면 단 한가지의 요건도 맞추지 않아 답답함을 가눌 길이 없다.

어떤 사업가

일전에 어떤 개인 사업가의 묘를 탐사한 적이 있었다. 그분이 전화를 하여 답사를 원하기에 우선은 미리 준비된 종이에 그분의 조상 묘에 수맥을 표기하여 드렸다. 그리고 나서 현장에 함께 가서 탐사를 해보니 먼저 그려 보인 것과 똑같이 탐사가 되었다. 투명성을 보장한다는 차원에서 공무원 생활 20년 넘게 하신 분을 참고인 자격으로 해서 함께 탐사를 실시하였다.

  그분에게 형제의 사망을 이야기해 드렸더니 깜짝 놀라
는 것이었다. 물론 나는 그분의 조상님 묘에 처음 갔기
때문에 탐사하기 전까지 안 맞으면 어쩌나 하는 기분이
묘하게 들어 초초함도 있었다. 나중에 식사 대접을 받으
면서 그분 꿈에 나타난 이야기를 자세하게 들었다. 현재
의 상황을 이야기하는데 그나마 그 조상을 섬기는 그분
외에는 모두 어렵게 살며 힘들다는 말을 전해 들은 후 묘
를 하단으로 내려서 이전할 것을 권해 드렸다. 그 내외분
의 꿈을 잘 듣고 합당한 자리로 판단을 하였는데 원거리
이전은 권하지 않았다.

8. 국립 묘지의 진짜 명당 자리

대부분 동작동 국립 묘지를 방문하면 이승만 대통령 내외분과 박정희 대통령 내외분의 묘소를 참배한다. 이승만 대통령의 묘를 국립 묘지에서 가장 명당으로 알고 있는데 또 하나의 진짜 명당은 이 대통령의 묘소 바로 옆 창빈 안씨 묘소이다〈유형문화재 제154호〉.

그러니까 약 500년 전 이곳에 창빈 안씨의 묘터를 잡을 때 자연의 순리와 합리적인 풍수지리법을 이용한 선인들의 혜안을 느낄 수 있다. 배산임수와 좌청룡 우백호를 보고 혈(穴)을 정확하게 판단을 했다는 것에 머리를 조아리지 않을 수가 없다. 뿐만 아니라 거의 10센티도 틀리지 않도록 수맥을 피하여 정확하게 자리를 잡았다.

조선시대의 왕가의 묘를 이렇게 크지도 않고 적당하게 해놓으니 자손의 무병 장수는 물론 풍수에서 원하는 모든 것을 갖추었으리라는 느낌이 든다.

한마디 덧붙이자면, 예나 지금이나 권력가들은 아부하는 일들이 엄청나게 많았던 것을 묘의 크기에서도 느낄 수 있다. 그것은 묘의 크기를 적당히 해놓아야 하는데 일반 백성의 묘에 비해 10배, 100배가 훨씬 넘어 권위를 내세우고 있지 않은가.

더 중요한 사실은 족벌 체제의 우리 혈통들은 왕가의 존엄함을 앞세워 봉분만 크게 해 그것으로 인해 가족끼리 싸움을 하고 진전하면 당파 싸움이 되기도 했다. 그리고 단명한 임금 또는 절명한 임금 등으로 세계적으로 가장 많은 싸움을 겪은 민족 중 하나이기도 하다.

이것을 보면 그 당시에도 헐랭이 풍수가 푼수 짓을 하며 나랏녹을 먹기도 했었으니 옛것이 무조건 옳지만은 않아 보인다.

우리나라의 왕릉을 보면 대부분 공원식으로 되어 비합리적이다. 물론 소풍을 가거나 관광지화되어 좋은 볼거리를 제공하고 또한 문화재로 지정을 하여 보호도 하고 있지만 그것은 일반적인 개념에서 보는 시각이고 풍수지리상으로 본다면 봉분을 시신과 동체로 판단하기 때문에 봉분의 크기가 큰 것은 그 큰 봉분을 거치는 수맥의 파장에 의해 잡음이 그치지 않는 것이다.

거기에 비해서 창빈 안씨의 묘는 매우 합리적이며 품위가 우러나온다.

위에서
찍은 것

정면에서
찍은 것

창빈 안씨 신도비 부 묘소

국립 묘지의 최고의 명당은 좌측의 용 자락에 있다〔지
장사 주위〕. 패철을 놓고 판단을 한다면 틀림없이 혈토를
발견할 수 있을 것이라고 확신한다. 명당은 여타의 의견
보다는 흙으로 말한다는 것을 잊지 마라.

※ 창빈 안씨 신도비 부 묘소 (昌嬪 安氏 神道碑 附 墓所)

〈유형문화재 제154호〉

지금으로부터 약 500년 전 국립 묘지를 동작원이라 할 때 조선 제11대 중종(中宗)의 후궁(後宮)이자 선조의 모친인 창빈 안씨의 신도비와 묘소가 있다. 창빈은 연산군(燕山君) 5년(1499) 증우의정(贈右議政) 안탄대(安坦大)의 따님으로 태어났다. 9세에 입궁하여 경전과 법도를 배우고 부덕(婦德)을 쌓았다.

중종과의 사이에 2남 영양군거(永陽君岠)와 덕흥대원군초(德興大院君岹), 1녀 정신옹주(靜愼翁主)를 두었으며 이 중 덕흥대원군은 바로 선조의 아버지이다. 명종(明宗) 4년(1549) 10월에 죽으니 그의 나이 51세였다. 처음에는 양주 장흥(長興) 땅에 예장(禮葬)하였으나, 그 다음해(1550) 지금의 자리로 옮겼다. 이후 천묘(遷墓)한 곳의 지명에 따라 동작릉(銅雀陵)으로 일컬어 왔다. 묘 아래 좌측에 위치한 것이 신도비로서 숙종 9년(1683)에 건립되었다. 비문은 숙종때 예조판서(禮曹判書) 및 한성부 판윤(判尹)을 지낸 신정(申晸)이 지었으며 지돈녕부사(知敦寧府事)를 역임한 이정영(李正英)이 썼다.

제2장 꿈과 조상

1. 꿈의 원리

　자각의 상태에 심취하면 꿈을 많이 꾸게 된다. 즉 생각이 많거나 고민이 많고 허약한 사람에게는 꿈이 많다. 컬러의 꿈을 분석해서 건강 문제를 해결하기도 하고 심리학자는 전생을 유도해 내기도 한다.

　이렇게 인간들은 어떤 경우든 꿈을 꾸며 잠을 잔다. 꿈이 많고 적은 것은 환경이나 개인 사정에 따라 차이가 현저히 난다. 기본적으로 위에서 뛰어내리는 꿈은 키가 크는 꿈이고 동물의 꿈은 길흉을 논하는 대상이 되기도 하는데 유독 선천적 맹인은 꿈을 꾸지 못한다. 그것은 세상을 본 적이 없어 형상화시키는 능력이 없기 때문이다.

　일반적으로 꿈 조절법을 통하여 수면을 취하면 하루에 5회 정도 꿈을 꿀 수가 있다. 특히 마인드컨트롤을 통해 꿈 조절법을 배우면 모든 꿈을 다 기록할 수도 있으며 원하는 꿈을 만들 수도 있다. 그러나 조상의 꿈은 인위적으로 만들거나 생각을 변화시켜 미래를 예견하거나 현실을 느낄 수 있다.

　꿈은 살아 있는 몸의 세포에 통신 수단으로 외부에서 연락을 취하는 방법이다. 가령 병원에서 수술을 하기 위해 환자에게 마취를 시켰다고 할 경우 다른 조직들은 멈춰 있어도 뇌는 움직인다. 이때 외부로부터 물리적인 자극이나 충격이 가하여지면 환자는 몸의 세포로 그 느낌을 잠재적으로 알게 되고 뇌의 파장에 입력되기 때문에 깨어난 후 그 느낌을 갖게 된다.

　만일 당신이 수술을 하면서 수술대 위에서 마취 상태로 비아냥거리는 수술을 받았다면 깨어나 수술자에게 고마운 마음이 들지 않는다. 더러운 몸의 적출물을 보며 의사나 간호사가 어떤 마음을 갖고 있었는지 느끼기 때문이다. 이런 현상은 산부인과에서 많이 발생한다.

　결국 수면 상태에서도 뇌는 파장에 의한 모든 것들을 형상화하려 한다. 느낌으로 끝나지 않고 나아가 형상화되는 것이 꿈인 것이다. 주로 건강치 못한 사람들이 여러 가지 꿈을 많이 꾸는데 보통은 개꿈으로 치부하며 잊어버리는 경우가 다반사이다. 꿈에 조상이 나타나면 그 모습에 따라 무엇을 원하는지 알게 되는 것이다.

2. 꿈은 서로 통하는 대화의 공간

사자의 시신이 수맥에 닿아 신음중일 경우에는 그 혼이 필사적으로 몸부림치며 자손에게 SOS를 요청하는데 그 연결 채널이 꿈이다.

꿈을 통한 접선을 시도한 후 자손들이 알아듣지 못하면 주변 사물에 주파수를 튕겨서 물리력을 행사하는 것이다. 자기 시신의 파손된 부분을 자손에게도 똑같이 요구하는데 머리 부분에 수맥이 지나가면 머리 부분의 사고를 요구하는 것이다. 다른 경우도 마찬가지로서 대부분 시신의 어느 부위에 수맥이 지나가면 자손에게도 그 부위를 요구하는 것이다.

따라서 수맥파나 수맥에 의해 물이 고여 있어 시신이 젖은 채로 있게 되면 시신은 제 기능을 못한다. 즉 파장을 전달하는 파워가 떨어지고 마는 원리인 것이다. 따라서 이미 상처가 난 시신은 위치의 이동을 통해 고유의 주파수를 찾아 영혼의 안녕을 찾아 주어야 한다.

인간의 생활을 속도와 공간의 개념으로 보면 연, 월, 일 그리고 시간으로 구분이 되어 있으며 그 중 하루의 시간은 24시간이며 절기의 때마다 다소 다르기는 하나 음양으로 나누어 낮과 밤으로 구분을 해놓았으며 땀을 흘려 일을 하는 시간은 양의 시간대인 낮인 것이다.

따라서 낮의 기운에는 움직임과 행동으로써 주파수를 내지만 밤의 시간대에 주파수를 내는 것은 꿈인 것이다. 일상 생활에서 전화의 선로는 항시 연결되어 있지만 통화 중에만 서로 주파수가 연결이 되듯이, 우리의 몸도 세포의 움직임으로 항시 살아 있으며 연결되어 있지만 영혼의 연락처인 우주 본부나 조상과의 통화는 꿈을 통해 연결되는데 인간들이 그 꿈을 잘못 해석하여 행동을 취하므로 일을 그르치고 마는 경우가 다반사이다. 즉 꿈과 몽상을 판단하는 능력이 없는 것이다.

여기서 몽상이라 함은 다른 주파수와 혼선이 되어 통화가 불량이 되게 하는 품질이 나쁘고 꿈을 방해하는 통신이라 할 수 있다. 그런 잘못된 통화로 인간의 존엄성을 파괴하는 경우가 비일비재하다. 그것이 바로 이단 종교자의 행위인 것이다.

몽상의 파장은 강력하여 일반인들은 구별키 어려우며 심취하면 모든 것을 잃게 된다. 영이 맑은 예언자들의 예언서에는 이러한 일들을 마귀의 극성이라 일축해 버리는데 잘못하면 종교 지도자에 의해 사회가 타락할 수도 있

3. 꿈은 반드시 지시이지 타협이 아니다

　건설 회사에서 성실히 일을 하고 있는 김 대리, 그는 올해 33세로 3남 1녀 중 장남이며 1남 1녀의 아빠이기도 하다. 어느 날 현장에서 같이 일을 하고 회식을 하게 되었는데 나중에 두어 명 남은 자리에서 필자의 끼가 발동하여 김 대리의 집안 내력을 묻던 중 막내 동생이 근자에 좀 이상하다는 것이다. 명문 대학을 졸업하고 나서 취직 자리를 구하는데 적극적이지도 않고 비실비실 웃으며 정신이 왔다갔다 하더라는 것이다. 내심 걱정이 되어 전전긍긍하던 차에 술 한 잔 마시자 화제가 된 것이다.

　그래서 나는 역학 조사를 하면서 부모님의 생존 여부를 물으니 아버지께서 3년 전에 돌아 가셨는데 매장을 하였고 그 옆에는 할아버지의 묘가 있다며 그 형태를 내게 상세히 알려 주었다. 필자가 집중을 하니 할아버지 묘에는 이상이 없고 아버지 묘에서 문제가 감지되는 것이었다. 그래서 아버지의 묘에 이상이 있는데 그것을 해결하면 김 대리 동생의 정신이 나아질 것이라고 이야기를 해주었다. 그리고 고치는 방법까지 상세히 일러 주었는데 김 대리의 얼굴에서 강한 의혹과 호기심을 엿볼 수 있었다.

한잔 두잔 마신 술로 거나하게 취하자 허물없이 부탁한다며 내일 아침에 동행하여 아버지 묘를 측정해 달라는 것이었다. 술도 한 잔 먹고 무엇이 두려워 안 된다 하겠는가?

바람도 쐴 겸 승낙을 하고 보니, 옆에 앉은 다른 업체 소장이 퉁퉁하고 체격이 좋기에 집안 내력을 물었더니 9남매라 하고 역시 자기도 장남인데 아버지를 여읜 지 6년 정도 됐다며 매장을 하였는데 한번 봐 달라는 것이었다.

얘기를 듣고 잠시 집중을 해보니 너무 자리가 좋았다. 그래서 당신네 형제 자매의 모든 가족들은 건강에 관한 한 걱정이 없을 것이라고 이야기를 해주었더니 소장은 그 말에 반색을 하며 아버님 묘소를 파는데 황금색의 황토 흙이 나와서 장례를 치르는데도 기분이 매우 좋았다며 그때 일을 입에 거품을 물고 얘기해 주는 것이었다. 그래서 그런지 9남매의 형제가 생산한 자녀가 20여 명이 넘는데 모두들 건강하다니 그것이야말로 조상의 축복이라는 생각이 들었다.

다음날 아침 김 대리와 피곤한 몸을 이끌고 묘소에 가 보았다. 초보자도 알 수 있는 엘로드로 수맥 측정을 자세히 해주는 것이 좋을 것 같아 아버지의 묘와 할아버지의 묘를 상세히 측정해 보았다. 그랬더니 예상대로 아버지의 묘에 문제가 있는 것이었다.

이것을 확인하자 김 대리는 생각난 듯 꿈 이야기를 하는데 자꾸 어머니의 꿈에 아버지가 나타나 춥다며 이불을 덮어 달라고 한다는 것이다. 이런 저런 일로 마음이 뒤숭숭한 판에 필자의 이야기가 묘지까지 발길을 재촉한 것이다.

묘를 현재 자리에서 밑으로 50센티 정도 내려 쓰라고 일러 주었다. 아마도 그는 아직도 필자의 처방을 점쟁이들의 한 술법 정도로 알고 있을 것이다. 필자 역시 그 내막을 일일이 설명할 필요가 없어 그렇게 지냈다. 그 후 이전 문제를 잘 처리하여 효과를 본 것으로 전해 들었다.

여기서 김 대리 어머니가 꾼 꿈의 내용을 보면 아버지가 춥다고 이불을 덮어 달라고 하는 내용이 나온다. 수차례 반복해서 알려 주었는데도 이루어 주지 않으므로 막내아들에게 정신병을 일으킨 것이다. 결국 꿈으로 지시를 하는 것인데 지시 사항을 이행치 않자 물리적으로 요구를 하는 것이었다.

따라서 조상이 꿈에 나타나는 것은 반드시 이행 사항을 알려주는 메시지이며 지시 사항이라는 것을 알아야 한다. 그런 것을 모르고 헤매다가 사고를 당한다. 더러는 꿈을 통하지 않고 급하게 일을 당하는 경우도 있다. 이런 경우는 장례를 치르는 도중이라든지 끝마치고 난 후 변을 당

하는 경우이다. 이런 장소의 묘도 이전하여 주지 않으면
자손에게 계속 좋지 않은 일이 일어난다.

아버지 묘   작은아버지 묘   할아버지의 묘
김 대리의 조상 묘

현장에 가서 느낀 점인데 김 대리가 작은아버지 묘에
대해서는 이야기는 안 했기 때문에 몰랐는데 작은집도 우
환이나 사고가 끊이지 않아 형편이 안 좋다고 한다.
아버지 묘는 그림상의 좌측 하단으로 50센티 정도 내
려 쓰라고 하였고 상처 난 유골*을 잘 수습하라고 일러
드렸다.

*상처 난 유골 : 시신 밑으로 수맥이 지나가면서 물이 차거나
파장을 받는 경우 시신의 유골이 끊어진다. 기이한 일이라 생각
할지 모르겠지만 수맥의 파장은 엄청난 두께의 콘크리트 옹벽도
갈라놓는다. 따라서 그 위에 시신이 놓일 경우에는 유골은 물론
주변의 바위도 절각이 되며 자손에게 심한 훼손을 입히는 것이
다.
간단히 치료하는 방법은 수맥을 피하거나 방지한 후 옥(玉)
가루나 토질이 매우 좋은 흙을 깔아서 묘 주위에 사기를 줄이고
생기를 만들어 주는 것이다.

제3장 풍수의 구분과 초능력

1. 풍수의 구분

역사적으로 유명한 인물에는 항시 풍수의 채취가 묻어 있다. 많은 사람들이 풍수를 관심어린 눈으로 보며 과연 명당이 무언가라고 물어보면 풍수가들은 각색의 토를 내놓는다.

「지리오결(地理誤決)」은 명나라 조건훈이라는 사람이 만들었는데 그것을 보고 배운 당나라 사람 호가구빈〔求貧, 빈민을 구제한다는 뜻〕이라는 양균송(楊筠松)이 패철의 8~9층을 만들었다. 그가 지정하는 묘터는 하도 빨리 발복한다 하여 조빈묘부〔朝貧墓富, 아침에 가난했던 사람이 저녁에 부자가 된다〕라 하였을 정도로 그는 당대에 이름을 떨친 인물이다.

풍수의 목적이 무엇인가? 그것은 두말할 나위 없이 혈토를 찾는 것이다. 그 혈토를 찾는 방식을 세 가지로 구분을 하는데 형기론(形氣論)과 이기론(理氣論) 그리고 물형론(物形論)이 그것이다.

가) 형기론(形氣論) - 학문적 체계가 있다. 국내의 풍수사 99%가 형기론자이며 학문의 깊이가 고르지 못하다. 그것은 한 자리를 놓고 감결을 한다 하여도 스승과 제자가 서로 다른 의견을 내놓아 일치하지 않기 때문이다. 따라서 결록[문서]을 남기지 않으므로 신빙성이 없는 경우가 발생하기도 한다.

일반적인 역술가 중에서도 사주팔자를 제대로 보는 실력자들은 문서로 해서 상담자에게 전해 준다. 풍수에서는 매우 중요한 일로 후학에게 뚜렷한 증표를 주는 신뢰의 표현이기도 하며 옛날 국사들은 모두 남겼다.

나) 이기론(理氣論) - 학문적 체계가 있다. 매우 어렵기 때문에 널리 전파되어 있지 못하며 흔히 오래된 패철을 가지고 내가 몇 년의 경력이네 하며 자랑하는 것은 100% 문제가 있는 풍수가이다. 그것은 방향을 표시하는 자석이 5년 정도면 자기가 떨어져 자기(磁氣)의 방향을 잘못 잡으며 주위의 자석류나 핸드폰, 마이크 등의 영향으로 방향 중심이 엉뚱하게 나오기도 하기 때문이다.

다) 물형론(物形論) - 동물이나 새의 모양으로 산의 형세를 판단하는 방식이다.

요점을 정리해 보면, 형기는 산세의 모양으로 혈을 찾는 방법이며, 이기는 패철을 이용해서 혈을 잡으며, 물형은 산의 모양을 동물에 비유해 혈을 찾는 방법인데 우리 나라에서는 풍수가들 99% 이상이 형기의 방법으로 묘를 판단한다.

어떤 방법이 올바르고 적절한지는 과학적인 체계가 없다 보니 판단키는 어려우나, 묘를 관찰하고 난 후 그 지역을 소상히 판단하여 그 내용을 문서[결록]로 남겨서 후학이나 그 대상자의 자손이 세월이 흐른 후 판단할 수 있도록 하는 것이 중요하다고 생각한다.

도선국사 「유산록」에 보면 패철을 이용해서 혈을 찾는 방법을 기록해 놓았는데 후학이나 일반인들이 보기에는 너무 어려워 내용은 빼고 그 형상만 가지고 소문을 내어 3가지의 분류로 파생된 듯하다. 따라서 신안(神眼)을 가져야 완벽한 풍수가로 가능하다.

이렇게 체계가 없는 학문으로 전래되다 보니, 특히 형기론자와 이기론자들은 십인십색(十人十色)의 주장으로 가히 어지러운 지경에 이르렀다. 가령 거북이 형상을 놓고 볼 때 목, 등, 꼬리 등이 서로 좋다고 표현을 함으로써 스승과 제자의 결론이 다르게 나오는 예가 비일비재하다. 그런 중에서도 이기론을 제대로 배운 사람들은 어떤 경우든 결론이 똑같이 나는 것을 볼 수 있다.

누구나 알고 있듯이 혈토가 나오는 자리를 명당이라 하는데 명당의 혈증은 생토(生土)여야 하는 것이다. 즉 우주만물의 기운이 유통되는 좋은 흙이어야 한다. 바위가 산화되어 만들어진 흙이 아니라 자연이 지기(地氣)로 스

스로 만들어진 흙이어야 하는 것이다. 혈토의 색깔은 오
색자윤(五色滋潤)하며 비석비토〔非石非土, 돌도 아니고 흙
도 아니다〕라는 이름처럼 밀가루와 같이 곱게 부서져야 한
다. 황색, 백색, 노란색, 붉은색 등이 합하여져 보기에도
예쁘다.

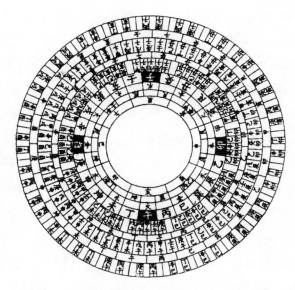

9층 패철 (일명, 나경이라고도 함)

2. 혈토

명당의 장소에는 반드시 비석비토인 윤기나는 흙이 나온다.

(1) 매장, 왜 산이어야 하는가?

우리 나라에서 매장을 하는 문화는 그 장소가 산으로 되어 왔다. 그것은 중국의 선각자들이 오래 전부터 중국의 지형을 두고 연구를 해온 까닭이기도 하다[신라말 도선국사, 일행선사의 수순으로 들어온 것으로 기록되어 있으나 그들의 시대적 배경이 다르므로 의문점이 있다].

풍수가에게 전해 오는 중국의 고서에는 「청오경(청오자)」, 「장경(곽박)」, 「청낭오어(양균송)」, 「설심부(복응천)」, 「지리신법(호순신)」, 「인자수지(서선계, 선술)」, 「지리오결」 등이 있으나 국내에서는 그 방법을 작가의 뜻대로 해석하지 못하여 풍수의 체계가 무너져 스승과 제자가 한 장소에서 구술하는 내용이 다르니 안타깝다고 할 일이다.

나라마다 장례 절차가 다른 것은 지형과 기후를 비롯한 풍습의 차이로 인한 것이며 동양에서는 산을 기초로 한다. 그것은 산의 형세를 보고 용이라는 이름을 부여하는 데 모자람이 없고 또한 기가 잘 흐르도록 만들어진 자연의 섭리를 이용하는 것이다. 때로는 산이 아니라 밭을 기초로 하는 경우도 있으나 그것은 산이 자연의 원리에 의해서 밭으로 형상화한 것이지 원래는 밭이 아니며 산이 가지고 있는 기운을 응축하고 있는 터인 것이다.

마치 발전소에서 생산된 전기를 수용자에게 전달하기까지 여러 경로를 통하지만 우리가 가치로써 따지는 것은 전기를 쓰는 마지막 부분을 보고 판단하듯이, 산이 아무리 아름답고 웅장해도 중간에 도로가 난다거나 대형 시설이 들어서게 되면 기의 흐름은 변질이 되고 마는 것이다.

그러므로 굽이굽이 이어진 산을 이용하여 혈이 맺힌 끝단을 찾아 발복을 기원하는 것이 산을 이용하는 기초가 되는 것이다.

(2) 살아 있는 산

전철을 움직이는 에너지는 전기인데 그 중에서도 직류라는 전기이다. (와우~, 갑자기 웬 전기?) 우리 가정에서 사용하는 전기는 교류인데 그 구분은 전기에너지의 파장에 따라 한다. 주파수가 살아 있으면 교류, 그렇지 않으면 직류로 구분을 한다.

　전기를 산에 대비시킨다면, 요통을 치는 산은 교류이며 사막이나 들판 같은 것은 직류로 보면 된다. 즉 교류에는 땅의 지기와 생기가 묻어 같이 움직이는데 직류에는 생기가 있지 않다. 또한 입수 부분에서 교류와 직류가 똑같이 같은 힘〔물리적이거나 전기적인 에너지〕을 보내더라도 그 힘을 멀리 보낼 수 있는 것은 교류이다. 그런 이유로 전파의 발사 및 통신선의 모든 전파는 교류적인 측면으로 구성이 되어 있다. 똑같은 길이의 전선에 같은 전압의 전류를 보내더라도 끝단까지 전기가 소모되지 않고 더욱 멀리 갈 수 있는 것은 교류이기 때문인 것이다.

　그러므로 산이 요동을 치면 기가 충만하다고 하며 살아 있는 땅이라고 하는 것이다. 중국과 일본의 경우에는 우리 나라처럼 요동을 치는 산맥이 이루어져 있지 않아 풍수의 맛을 보기에는 덜하다. 이러한 살아 있는 산이 많은 한반도는 장래에 유골의 수입국이 될 수 있는 충분한 요소를 갖추고 있어 걱정이 되기도 한다.

　간단한 물리적인 측면에서 소방수의 펌프 관창을 보면 직경이 길다고 물이 멀리 가는 것은 아니듯이 탱크의 물이 분사를 하려면 좁은 통로에 압축된 공기를 불어넣어야 응축된 힘이 생겨서 강하게 분사된다.

　한국의 산들은 백두대간을 줄기로 하여 오르고 내리기를 좁게 반복을 하는데 좁아지고 넓어지는 것 역시 반복을 하며 마치 뱀, 애벌레, 지렁이 등과 같이 꿈틀대는 것을 느낄 수 있다. 이런 맛을 가진 산이 바로 살아 있는 산인 것이다.

(3) 맥이 끊기지 않은 곳

과학적인 지식을 배운 우리들 시대에서 도시개발계획을 현장 환경과 실용성 위주로 하다 보면 지리적인 요건을 무시하는 수가 있는데 그렇게 되면 생태계가 변형되고 맥이 끊기며 수맥의 흐름을 바꾸어 놓아 버린다.

경제적 발전을 부르짖는 시대에 혈과 기를 이야기하며 개발계획을 논의한다면 방해꾼으로 생각하기가 십상인데 우리가 후대에 무엇을 남는 게 중요한지는 한번 깊이 생각해 보아야 할 것이다. 감히 말하건대 안 만지는 것이 도와 주는 것이다〔개발을 하기 전 환경 문제를 충분히 고려하자는 뜻〕라고 이야기하고 싶다.

일전에 호주에 2년간 머무를 기회가 있어 그곳에서 이야기를 들었는데 우리 국토의 약 80배나 되는 국가에서 자연 환경을 무시하는 경제 활동은 무조건 할 수 없도록 엄하게 규정을 만들어 환경을 해치는 시설을 까다롭게 규제를 함으로써 일반 국민들도 환경 문제에 있어서는 철저히 무장되어 있는 것을 알 수 있었다. 실제로 시드니 오페라 하우스 주변 바닷가와 인천의 부둣가를 보아도 비교가 되지 않을 정도로 오염도의 차이를 느낄 수가 있다.

그런 것뿐만 아니라 우리 나라에는 근간에 수많은 폐공들이 만들어지면서 물을 뽑아 쓰고 제거치 않아 온 국토가 오염이 되어 뒤범벅이 된 지 오래다. 이런 문제로 인해 수맥의 흐름이 변형되어 마을 사람들이 농공업 용수를 사용하기 어려워지자 분쟁으로까지 비화하여 싸움이 나며 역류의 상태가 되므로 속을 들여다보지 않고 풍수를 논하기가 그리 쉽지 않게 되었다.

그러므로 지금의 풍수가들인 형기론자와 이기론자들의 글 뜻만 가지고 명당이라고 안심하기는 힘들다. 땅 밑에 무엇이 어떻게 지나는가를 알기만 해도 그 터의 맥이 끊기었는지의 여부를 판단할 수가 있다. 맥을 이어주는 것 중에 대표적인 것이 수맥인 것이다.

(4) 명당을 구분하는 방법

명당을 찾기 위해서는 지역을 잘 살펴 형기론에서 말하는 배산임수 요건과 좌청룡 우백호 그리고 주산, 조산, 안산의 상태를 파악한다. 대강 지역이 결정되면 이기론으로 패철을 이용하여 혈의 좌향을 잡는다. 당판에 서서 파로 국을 정한 이후 결록을 작성한다. 당판에서 혈의 자리를 6자 이상의 깊이로 파내려 가는데 중간 과정에서 더러는 돌과 거무튀튀한 흙이 나오기도 하지만 끝에 다다르면 오색의 혈토가 나오는데 여기가 명당인 것이다. 그곳에 시신을 매장하되 수맥을 피하고 방향을 맞추면 된다. 이

것이 명당인 것이다.

그럼에도 불구하고 물이 날까봐 깊이 파지 못하며 이미 선정된 장소를 보고 그대로 시신의 방향을 잡는데 그야말로 엉터리 방법인 것이다.

중국의 고서를 정확히 파악하여 혈증을 잡는 것은 그리 어려운 일은 아니다. 단지 그런 장소가 많지 않기 때문에 문제가 되는 것이다. 개인적으로 임응승 신부님과 취남 이재석 선생에게 수맥과 풍수 인테리어를 배우고 수많은 선생들로부터 사사를 받았다. 아쉬운 것은 형형색색의 능력이 모이면 무지개 같은 아름다움을 간직하련만 보이지 않는 막이 왜 그리 질긴지 아쉬울 뿐이다.

개인적으로 말은 이렇게 하여도 땅을 파는 순간이나 수맥을 파악하는 현장에 가면 순간순간 긴장을 못 벗어나는 두려움에 늘 떨리고 만다.

(5) 신이 주신 혈토 찾기

지도의 혈 찾기를 통해 기획을 하고 방문을 하여 현장에서 파낸 혈토는 오색빛이 나는데 장소에 따라 약간씩 빛과 모양이 틀리다〔패철의 12포태법에 의해 땅을 파기 전에 내부의 흙을 미리 판단해도 대부분 맞다〕. 그것을 등급으로 매겨서 경중을 논하기도 한다.

손으로 비비면 감촉이 좋아 부서지고 칼로 썰면 기분 좋게 썰린다. 또한 유리 그릇에 넣어두면 숨을 쉬기에 이

슬이 맺히며 냉장고에 넣어 두면 죽게 되어 색상에 윤기
가 없어지고 빛이 바래 버린다.

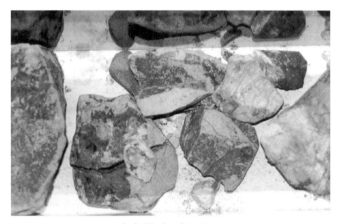

신이 주신 혈토들

가정에 난을 키우는 사람이 아프게 되면 정성을 들인
난의 빛이 변하여 윤기를 잃어버리고 자라지 못하며 이내
시들어 버린다. 그것은 동기감응을 하는 사람의 기가 나
쁜 파장을 내면 난이 그 감을 느끼는 것이다. 따라서 숨
을 쉬는 혈토에 시신을 매장하면 살아 있는 땅기운의 힘
을 받아 발복을 할 수 있는 것이다.

그러면 혈토는 산에만 있으며 음택에만 해당되는 것인
가? 그것은 그렇지 않다. 다만 정설에 의한 것이 전해 내
려오면서 약간 왜곡된 부분이 잘못 알려진 것이다.

광중을 파면서 내려다보다가 혈토를 만날 때 이루 말할

수 없는 기쁨에 휩싸이게 된다.

땅을 파는데 처음의 30에서 40센티까지는 껍데기로 생각을 하고 파내려 가면 1.2미터 정도에서 돌이나 딱딱한 땅이 되는 것을 볼 수 있다. 많은 풍수사들이 계속 파지 못하게 하는 이유는 물이 나올 수도 있고 혹시 혈이 아닐까봐 걱정이 되기도 하기 때문이다. 그 다음 1.8미터에서 2미터를 들어가서 판단하는 것이 혈의 가장 중요한 기준점인 것이다. 그때서야 비로소 호두를 깐 내용물을 느끼듯이 곱고 고운 흙을 볼 수 있다.

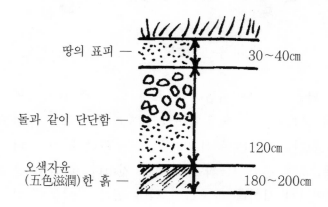

땅의 표피 — 30~40cm

돌과 같이 단단함 —

120cm

오색자윤
(五色滋潤)한 흙 — 180~200cm

광중을 파는 깊이 : 2미터를 파지 못하는 것은 땅에
자신이 없기 때문이다.

해설

혈토의 좌우측에는 반드시 수맥이 지나가는데 그 수맥

의 영향은 혈토의 생기를 돕는 작용을 한다

(6) 음택과 양택은 어떻게 다른 것인가?

결론적으로 이야기한다면 같은 자리이다. 단지 패철의 12포태법에 의해 쇠(衰)에 해당되는 자리는 음택에서는 흉지로, 양택에서는 길지로 판단을 하는 내용만 다를 뿐이다.

중국에는 풍수가 어느 정도 깊이 있는 과학으로 자리를 잡고 있다. 그것은 오래 전 두 형제가 중국 땅 전체를 20년 동안 돌면서 보고 듣고 느낀 점을 기록해 놓은 것이 증명이 되므로 인증을 하고 또 거기에 맞추어서 학문으로 연구되기 때문이다.

수맥은 요사이 우리 나라에서 무분별하게 취급이 되고 있는 실정이다. 주로 엘로드나 펜듈럼 등으로 판단을 하는데 창안자는 노스트라다무스이다. 그의 창안 전 동양에서는 패철로 더 먼저 개발이 되어 있었던 학문인데 그 사용법이 복잡하여 정확히 배우지 않고 사용하는 경우에 우를 범하기가 다반사이다.

음택이나 양택의 요점은 길지(吉地)이어야 하며 미동을 하지 않는 생물(生物)이 잘살 수 있는 살아 있는 땅이어야 한다는 것이다.

음택과 양택의 기준은 땅인데, 땅은 음이요 지상은 양이므로 음인 땅을 알려면 바람과 물의 움직임을 자세히

공부해야 한다. 그러다 보니 자연히 패철과 수맥을 잘 이
용하면 바람의 방향과 물의 흐름을 파악할 수 있게 되는
것이다.

음기는 물, 온도, 양분, 산소가 응결되어 생명을 움트는
조건을 갖추어야 한다. 그런 요소가 갖추어진 장소로는
주로 새나 짐승들이 알을 낳거나 새끼를 낳아 기르는 장
소인데, 그런 장소는 먹이를 편안히 먹을 수 있고 안정이
되며 새끼를 편히 보호할 수 있는 장소이다.

바꿔 말하면 차가운 기운이 올라오는 장소에서는 부화
가 되지 않으며 수맥파의 방해로 고통을 받을 수 있으며
바람에 견딜 수 없게 되는 것이다.

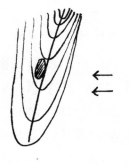

1. 바람을 피하는 터 : 화살표 방
   향으로 바람이 불어오면 반대
   방향으로 묘를 써서 바람을
   피한다. 그러한 곳은 대부분
   먹이가 있고, 안정하며, 짐승
   의 새끼가 있다.

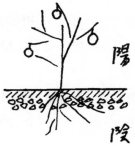

2. 나무 한 그루로 보는
   음(陰)과 양(陽)

해설 1

짐승과 새는 바람이 부는 쪽을 피하고 수맥파의 파괴력을 피하여 집을 지어 자손을 보존한다. 그것은 동물적인 감각으로 찾는 것이다.

해설 2

나무는 줄기를 양이라 하고 뿌리를 음이라 한다. 오래된 고목이 있는 곳은 태풍을 피하였고 수맥파의 영향을 피하였으며 탁기의 기운을 피한 좋은 자리이기 때문에 천연기념물로 지정되는데 수령이 한참 지난 나무가 있는 자리는 매우 좋은 길지이다.

(7) 살아 숨쉬는 흙

이 땅에는 수많은 풍수 애호가들이 좋아하는 생토가 있다. 그런데 어쩌다가 드물게 나오는 것으로 생각을 하고 땅 껍데기인 지형만 가지고 논하곤 한다. 그것도 갖은 고사성어를 붙여가며 이야기한다. 스승과 제자, 갑과 을인 여러 풍수가들이 한 장소에 모여도 모두 다른 이야기를 한다. 자기 이론이 옳다고 주장하며. 어디든지 땅을 파서 광중의 흙이 혈토가 아니라면 주위가 아무리 아름다워도 거짓 명당인 것이다. 누구라도 정석으로 배운 사람이라면 같은 자리에서는 똑같은 결론이 나와야 하는 것이다.

산세를 보고 명당을 찾는 수많은 풍수지리가들은 이제

변해야 한다. 해당되는 자리를 6자 이상 판 후에 혈토가 나오지 않으면 주변의 환경이 아무리 좋아도 잘못 짚은 것이다. 정말 욕을 먹고 매를 맞을 일 같지만 할 말은 하고 흑백을 가려야 한다. 또한 경고한다. 사회적인 기존 권위를 이용해서 모르는 것을 아는 척하여 일가를 몰살시키는 우를 범하면 반드시 응징을 받는다는 것을 기억하기를 바란다. 명당은 묘터의 환경이 아니라 광중 속의 흙으로 말을 하는 것이라고……

　유리로 된 칸 속에 혈토를 넣어 두면, 오전에는 깨끗한 상태로 유지가 되는데 오후에는 물방울이 생기는 것을 알 수 있다. 또한 혈토를 냉장고에 넣어 두면 윤기가 사라지고 푸석거리며 빛을 잃고 만다.

명당에서 나온 흙 - 살아 숨쉬는 흙

　무덤을 파면 그 속에서 이런 흙이 나와야 천하의 명당

이다. 만일 장례를 지내면서 이런 흙이 나오지 않았다면 대단한 명당터는 아니다. 일반적으로 90% 이상이 혈토가 나오지 않는 곳에 묘를 사용한다. 그것은 찾기도 어렵거니와 풍수사들의 무지하기 때문이기도 하다. 따라서 공원묘지일지라도 수맥을 피하여 사용하면 명당이라 할 수 있는 것이다.

혈토의 분석

칼로 자르는 모습 – 마치 무를 썰듯 사각사각 잘라진다.

손으로 비비면 콩가루처럼 가볍게 부숴진다.

3. 망자의 이름을 대면 묘를 진단하는 정신 과학

　이 세상에는 비과학적이며 비논리적인 기이한 일과 이해 못할 일들이 너무도 많다. 그런데 그 일이 좋든 나쁘든 식자들이 과학이 아니라는 이유만으로 무시를 하거나 미신으로 일축해 버리는 경우가 비일비재하다.

　꼬집어 말을 할 필요는 없지만 지금의 세계 흐름을 보면 과학이 한계에 이르러 오히려 동양학을 서양 사람들이 배워 연구하고 있으며 이미 그 단계가 우리의 수준을 벗어나고 있는 실정이다. 특히 기공, 음양오행, 풍수지리학, 주역 등을 망라한 내용이 그들의 교육 일정에 포함되어 실시되거나 아예 중국이나 일본으로의 유학을 통해 지식을 섭렵하고 있다.

　88올림픽이나 국가의 체육 행사에 보면 성화를 봉송하고 용이 커다랗게 그려진 북을 치며 농악 놀이와 어우러진 굿타령으로 우리의 조상들의 삶을 이야기한다. 옛 모습을 재연하며 수많은 사람들이 박자에 맞추어 멋있게 움직인다. 그러다가 예술의 깊이를 높여야 알 수 있는 혼합된 공연을 선보인다. 시간이 지나 일상 생활로 돌아가면서, 개인적으로 도대체 우리 나라는 표방하는 문화가 뭔지 이념이 뭔지 혼동될 때가 생긴다.

종교적인 면을 이야기하자면, 성균관이 주축이 되는 유교 사상을 비롯하여 기독교 사상, 불교 사상, 기타 종교의 자유가 있는 나라이므로 수많은 종교가 판을 치는 것이다. 앞으로 경제 수치가 올라가면 환경 문제보다도 종교적인 싸움이 더 심각해지지 않을까 예상된다. 나름대로의 이데올로기에 철저히 무장된 그들은 물불을 안 가리고 자신의 이익을 위해 투쟁을 할 것이다. 지금의 코소보 사태 등이 그러하고 전자에 조계종 난입 사건이 그러하며 최근 한 교회 성도들의 방송국 난입 사건이 그러하다.

우리의 현실에 비춰 보아서 걱정할 일이 아니다라고 생각할런지 몰라도 세계의 모든 종교적인 싸움을 심하게 하는 국가들도 시초는 이랬다.

아무튼 모든 선한 인류가 바라는 것이 살아서 행복을 추구하는 것이라는 데는 이견이 없을 것이다.

한 생명이 잉태되기 위해서는 수많은 조상이 필요하다. 어느 날 갑자기 자신이 생겨난 것은 아니다.

따라서 조상의 묘에 하나라도 편치 않은 곳이 있다면 분명히 문제가 생긴다는 것이 오늘날의 풍수지리학의 요체인 것이다.

그런데 문제는 그 내용이 너무 복잡하여 보는 이마다 해석이 다르고 또한 기준점이 부족하여 신뢰받지 못하는 지경에 이르러 목소리 큰 사람이 이기는 저자거리의 시장판이 되어 버렸다. 이에 안타까운 생각이 들어 알량한 나의 재주나마 연구하는 이들의 기초에 도움이 되었으면 하는 것이 바램이며 소신이기도 하다.

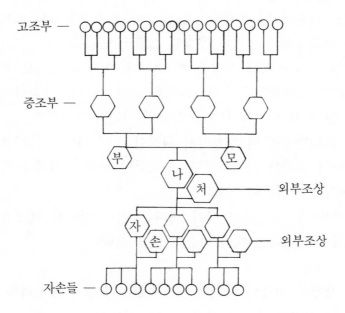

조상에서 나, 나와 자손까지의 유기적인 관계
: 반드시 조상이 있어야 내가 있고 후손이 있으며
유기적인 관계가 질서있게 변화하고 있다.

　요즘에 우리 사회에서 굿을 하는 무속인들을 체계적으로 양성한다니 그 또한 웃지 못할 일이다. 그것은 채널러〔무당의 원어〕의 일이 아니라 그 요령만을 배우는 것에 지나지 않는 것이다. 역학 또한 얼마나 깊이 있는 학문인데 5주 완성 내지는 수개월, 더 심한 곳은 2주라는 기간을 내놓고 완성 자를 붙여 수강생을 모집한다. 한마디로 일을 낼 사람들이다.

　무당이라는 것은 사자의 영혼을 세 치의 혀로 불러다가 통역을 하는 것에 지나지 않는 영혼의 통역사인데, 과연 당사자가 원하는 사자의 영혼을 불러 대화를 하는지 아니면 웃동리의 떠도는 이름 모를 아저씨의 영혼은 불러다 떠드는지 알 길이 없지만 굿을 하는 당사자〔무당〕는 알고 있으며 조상의 영혼들도 내 밥상에서 다른 이들이 잔치하는 것을 모를 리 없다. 또한 단기간에 배출된 그들이 구구절절한 인생을 가진 상담자들에게 여덟팔자의 운행을 제대로 읽지도 못하면서 역술을 한답시고 거짓으로 증언을 한다면 그 모든 것이 죄가 되어 인생의 말로가 비참할 뿐이다.

　책이나 여러 경로를 통해 들은 이야기이지만 풍수가들도 거짓이나 위선된 이야기로 사회에 해악을 끼친다면 산벌*을 받아 그들의 생의 말로는 아름답지 못하게 된다.

　느닷없이 왕서방에게 죽임을 당한 「감자」에 나오는

'복녀'가 생각난다. 무속인이나 역술가, 풍수가들이 지식이 올바르지 못하여 남의 인생을 잘 인도하지 못한다면 몇 원을 거머쥐고 셈을 하며 사는 복녀의 남편과 무엇이 다르랴! 이상이 없고 현실에 집착하는 스님과 목회자 또한 다를 리 없다.

* 산벌 : 죽은 자의 혼백을 가지고 거짓으로 증언을 하거나 장난질을 친다면 제명에 못 살고 큰 병을 얻거나 비명 횡사를 한다. 이러한 일로 생활에 급격한 변고가 있는 것을 산벌이라 한다. 더러 이장이나 묘터의 일하는 사람들에게서는 흔한 일로 풍수가들은 자기의 소신 외에는 남에게 더 설명하려 하지 않는다.

4. 전화 통화로 묘 진단

대화나 전화로 잠깐 통화를 하여 망자의 이름만 듣고도 어느 장소의 묘든 판단을 한다는 것은 정말 초능력임은 분명하다고 느낀다. 세계 여러 나라의 민족들의 묘도 마찬가지로 판단하는 것이다. 그렇지만 열성이 있는 분들이라면 누구든 쉽게 배울 수 있다고 생각을 한다. 그러나 그것은 매직이나 마술에서 보는 것과 같이 눈속임이나 착시 현상 또는 주술적인 방법이 아닌 정신 과학의 일환이라는 점을 분명히 밝혀 둔다.

필자에게 전화를 하기만 하면 당신 조상의 묘에 있는 문제점을 알 수 있다. 전화를 걸 때, 함자와 묘의 위치〔예, 서울 동작구 동작동 국립 묘지, 이름 홍길동〕를 간단 명료하게 알려 주면 즉시 답변이 나온다. 전화를 하는 모든 분들에게 무료로 서비스를 한다.

전화로 묘의 위치와 망자의 이름을 대면 즉시 묘의 안전 여부를 알 수 있다.

최근 사회적으로 물의를 빚은 오양의 취재를 미국 현지에서 최초로 직접 인터뷰에 성공한 스포츠투데이 신동립 기자가 한국일보 일간스포츠 기자로 있을 때 어찌어찌 해서 내게 취재를 청하여 조그맣게 기사가 되었다.

여러 가지를 다뤘는데 생각지도 않았던 전화가 엄청나게 왔었다. 〈관련 신문기사 - 참고자료 참조〉

그 전화의 내용은 모두가 묘에 관한 것이었으며 전화를 받느라 업무를 보기 어려웠을 정도였다.

산간 벽지에서 전화주신 어떤 아주머니는 도로 공사 때문에 자기 친정 아버지 묘를 이장해야 하는데 자리 좀 봐주겠느냐, 오는데 경비는 얼마냐, 언제 시간을 낼 수 있느냐며 물어오셨다. 잠시 시간을 갖고 판단해 보니 지금 묘에 문제가 느껴졌다. 그래서 "도로 공사를 통해 복 받으셨네요"라고 이야기를 해주었다.

그 아주머니의 말로는 무슨 일을 하기 전 아버지가 꿈에 나타나기만 하면 일을 그르친다는 것이었다. 그래서 항시 찜찜하게 생각하고 있었는데 도로 공사를 통해 이장을 하게 되니 괜찮은지 궁금해진 것이었다. 그래도 그 아주머니는 묘 자리에 이상이 있으면 문제가 된다는 점을 분명 알고 계시니 다행이라는 생각이 들었다.

헬스 클럽에서 만난 동갑내기 사람과 함께 한 자리에서 일간스포츠의 신문기사가 우연히 화제가 되었다. 자랑도

할 겸 목소리 톤을 높이자 시골에 있는 아버지의 묘소를 구체적으로 알려 주며 한번 봐 달라는 것이었다. 먼저 판단을 해보니 다리 부분에 수맥이 지나치고 있었다.

마치 점쟁이처럼 이야기를 하니까 깜짝 놀라 신기해하며 동행을 요청하여 약속을 하였다.

시신의 다리 부분에 문제가 있으니 자손이 병을 얻거나 사고가 나도 다리 쪽일 거라고 이야기를 해주었더니 어안이 벙벙하며 어떻게 아는지 무척 궁금해하였다.

자기 형제 중 하나가 다리에 큰 병을 얻어 요양 중이며, 얼마 전 교통 사고를 당한 조카들도 공교롭게 다리만 다쳐 지금 목발을 짚고 있는 중이라며 대책을 알려 달라 하여 방법을 알려 주니 기뻐하며 꼭 시간을 내주면 고맙겠노라며 청해 왔다.

나의 가까운 친척 중에 묘를 잘 사용하여 호의호식하는 분이 있다. 그분이 특별히 잘 배운 것도 아니고 능력이 뛰어나다고도 생각하지 않는다. 유명한 현역 운동선수로서 명성을 날리고 있다.

그분은 자신의 성공이 할아버지의 묘의 효험 덕분이라고 생각을 하며 지내고 있었다. 명당에 묻혀서 잘된다고 철석같이 믿으며 묘를 돌보니 복을 받은 것이었다.

물론 조상의 묘가 좋다고 형제가 다 잘사는 것은 아니다. 가난에 찌들어 본 사람들이 말하는 부자가 된다는 망상으로 여겨도 할 수 없다. 바보나 정신 나간 녀석으로 봐도 좋다. 이리저리 설치면서 뛰다가 직장을 잃는 일까지 저지르면서 깨우친 것이 초능력이다.

망자의 이름만 들어도 묘에 수맥이 어디로 지나가는지, 그 가족 중 누가 무슨 병에 걸려 죽었는지, 고생을 하는지 알 수 있으며 그 방지책을 알려 드릴 수가 있다.

1998년 가을 무렵 신문에 기사화되어 나의 모습이 일부 소개되었을 때 묘에 관한 문의가 대중을 이루었다.

묘에 문제가 발생하면 대부분 치명적인 상황에 다다른다. 특히 요즘에 많이 발병하는 암과 백혈병 그리고 정신병 등의 불치병은 대부분 묘에서 기인한다는 사실을 알았다. (네? 말도 안 된다구요?) 불치의 병이나 이름 모를 병에 걸려 있을 경우에 기도원의 안수하는 분의 능력이나 무속인의 굿으로 고치는 것은 이해하는지……. 결론으로 이야기한다면 기의 싸움이고 그 기는 결국 주파수의 싸움이다.

그래서 대학 병원에서 각종 암 환자들의 명단을 어렵게 입수하여 내가 직접 테스트를 해보았다. 묘의 수맥에 관한 임상인 것이다.

제4장 미니 소설 - 영혼의 활동

1. 귀신 놀이

사람이 죽으면 귀신이 된다. 그 귀신은 방황하지 않고 본향(?)으로 가는 것이 가장 좋은 경우이다. 귀신도 가는 길이 있으나 현대 과학으로는 알 수 없다. 그러나 각자의 길을 못 가는 경우 방황을 하게 되는데 구천을 돌다가 자기의 업무(?)를 보아야 자기 자리로 가는 것이다. 즉 올 때와 갈 때의 자연적인 모습을 유지해야 하는 불문율을 지켜야 한다.

귀신을 보는 능력이 있는 자들이 여기저기서 헤매고 있는 귀신 노숙자를 찾는 것이 방송되기도 해서 일반인들도 많이 알게 되었다. 수년 전에는 일본의 방송국에서 귀신을 촬영하여 방영을 한 경우가 있었는데 사회적으로 센세이션을 일으켜 화제가 되었다.

귀신은 인간과의 커뮤니케이션을 꿈으로 한다. 더러는 채널러[무당]나 특별한 신기가 있는 사람과 대화를 하기도 한다. 대부분 다혈질이라 일방적인 요구를 묵살하면 나쁜 행동을 하며 성질을 낸다. 그것도 두고두고 말이다.

육신의 안식처인 무덤을 잘 치우지 않고 거기에다 건축물을 지으면 귀신이 나온다 하여 흉가가 되곤 한다. 이를 무시하고 사람이 거주할 경우 이름 모를 병에 시달리기도 한다. 어떤 경우라도 인간의 힘으론 귀신을 이길 수가 없는 것이다.

조상을 잘 모시면 차례만으로도 충분한 혜택을 받는다. 반대로 잘못 모시면 조상의 영혼은 그 날부터 방황을 하게 되는데 잘못된 시신의 모심으로 방황하는 귀신은 물의 파장, 즉 떨림의 영혼 주파수를 가지고 오늘도 구천을 헤매고 있다. 여기서 잘 모시는 것이 제를 잘 지내는 것이나 호화 묘를 말하는 것은 아니다.

참고

음양오행은 木·火·土·金·水를 음양으로 구분하여 계절이나 기후 또는 색깔로 구분을 해놓았는데 그 오행에서 수(水)는 차가움과 냉정함을 나타내며 계절적으로 겨울[天干 - 壬癸, 地支 - 亥子]을 나타내기 때문에 꿈의 현상의 대표적인 경우가 춥고 떨리는 모습이다.

2. 귀신 컨트롤

오늘도 정거장에는 많은 영혼들이 북적대기 시작한다.

"아함~, 졸려!"

"오늘은 잘 구분해야 돼! 어제 저녁처럼 섞이지 않도록 말야."

"음……, 번호가 n108973에서 n298709라……."

"당번, 오늘 번호는 이렇게 된다. 차질 없도록 실시 바란다."

"흐흠~, 189736 영(靈)입니다. 맞습니까?"

"그래, 그 숫자는 맞는데 어제 나머지 혼(魂)들은 연락해 봤나?"

"저, 그게……."

"자네, 우리의 임무가 뭔지 알기나 하고 업무에 임하는 건가?"

"네, 잘 알고 있습니다. 단지……."

"벌을 받지 않고 해결하려면 제대로 하게나. 알겠나?

각 위성에서 매일 항의해서 얼마나 힘든 줄 아나?"

"……."

"오늘도 바쁘니 실수 없도록 하게!"

"네, 잘 알겠습니다."

일단 영혼이 집합소에서 임무를 받고 일을 하다 문책을 받으면 파견을 나가 생명체로 살아가더라도 어느 별에서든 주체가 되지 못하는 경우로 전락하기 때문에 명령, 규칙, 법과 지시 사항은 어김없이 이행을 하여야만 원하는 스케줄대로 움직일 수가 있다.

영(靈)들은 집합소에서 대부분 혼(魂)들을 만나 어디론가 보내지며 그들의 활동은 자유롭게 보장되어 있다. 그런데 집합소 내에서는 적잖은 문제로 고민하고 있었다. 그것은 영의 짝인 혼이 예전보다 잘 나타나지 않는 것이었다. 그래서 그런지 우리가 담당하는 지구별에는 유독 장애인이 많이 활동한다는 소식이 전해지고 있다. 그래서 그런지 저승사자의 교통 전용선을 만들어 이 문제를 해결해야 한다는 주장이 간헐적으로 나오곤 한다.

어떻든 간에 그리 반가운 일은 아니다. 그렇다고 또 걱정할 일도 아니다. 왜냐면 혼(魂)은 저승별의 부름을 피해 있어 봐야 활동할 수 있는 수명(壽命)이 정해져 있기 때문이다.

영(靈)은 짧게는 3일에서 길게는 200년까지 혼(魂)을 맞이한다. 그런 후 저승별에서 다음의 발령지인 또 다른 별로의 허니문을 자기가 원하는 모습으로 가는 것이다.

우주 본부별은 인간이 지구상에 잉태되는 날 부모의 사랑의 씨앗에 우주 전역에서 공통으로 쓰는 DNA 번호를 부여한 후 인간으로의 삶을 관리하는 고유 주파수를 관리하는 곳이며, 지구 여행을 마치면 다시 거둬들인 후 또 다른 별로의 여행을 주관하며 쉬지 않고 움직이는 우주에 일조하는 하나의 위성이다. 인간과 움직이는 동물들에게 고유의 주파수를 부여하기 위해서 피의 색깔을 빨갛게 함으로써 DNA 인자를 각각 구별하도록 만들어 놓았다.

각 별의 위성에서는 통신으로 모든 정보를 교환하며 일을 처리해 나가는데, 지구별에서 임의의 선〔대기권〕을 탈피하여 여행을 하는 자가 생겨 제왕으로부터 주시하라는 경고 메시지가 떠올라 있으며 참모들은 헌병별에서 내사를 하기에 이르렀다. 그 헌병들은 질서를 잡기 위한 교통수단으로 우주에서 비행 물체를 타고 다니는데 지구별에 명함을 던진 여러 헌병의 이름 중에 외계인이라는 우주인이 있으며 그 우주인은 꾸준히 인간을 설득하기에 이르렀다.

한편 본부 위성에서는 미국 상공에서 사고로 지구인에게 로즈웰 사건*이라는 사고를 안겨 주어서 최초의 외계인의 모습과 이름이 공개되고 말았다.

지구별에서는 우리를 UFO라 명명하는데 육안으로 노

출이 되는 바람에 위성의 제왕께서 노여움을 가지고 있는
터이다.

　외계인은 인간에게 접촉을 하면서 고도의 기술 능력을
가진 본부 위성을 소개하고 서로 정보를 교환하여 지구별
의 모순을 바로 잡아 주고 더 나아가서 제왕의 지침을 이
루려 하는 것이다. 외계인이 사는 위성별은 지구별의 인
간이 상상하지 못할 두뇌 집단으로 매우 수준 높은 5차원
의 과학을 이용하여 생활하는 고도의 문명 집단이기도 하
다.

　＊ 로즈웰 사건 : 1947년 미국의 도시 로즈웰이라는 곳에서 미확
　인 물체인 UFO가 비행기와 부딪히는 사고로 인간에게 UFO의
　실상이 알려진 사건임.

3. 영혼의 움직임

　책상머리에 붙어 있는 규칙에는 '어떤 경우라 할지라도 영과 혼이 분리되어서 위성으로 보내질 수 없다'라고 써있으며 저승사자별의 근무자들은 이를 철칙으로 여기고 근무에 임하고 있었다.

　영혼의 집합소에서는 반드시 두 저승사자가 영을 픽업하는데 가끔 멍청한 사자들이 딴청을 하다가 헷갈려서 수명이 남은 살아 있는 자의 영을 데리고 와서 말썽을 일으키는 경우도 있다. 그것은 지구별의 심각한 오염으로 사자들의 주파수가 흔들려서 간혹 착각을 하는 경우이며 더러는 집합소 소장격인 염라대왕이 인간의 수명을 잘못 판단하여 생기는 경우도 있다.

　1999년 3월 20일, 오늘의 픽업 오더 수는 189736영이다. 사자들이 인간의 영을 픽업하는 업무량은 사자들의 책상 앞면의 허공에 디지털 형상화로 떠오르곤 한다. 역시 중간 관리자인 대왕의 부하들은 업무 상태를 형상화된 화면으로 아무 곳에서나 확인하며 잘못된 것이나 기타 전할 메시지를 수많은 저승사자들에게 동시에 보내기도 한다.

영혼의 집합소에서는 자기 고유의 혼을 공급받기 위해서 기다리는데 그 기다리는 내용은 이렇다. 〔영과 혼이 분리되어서 고유의 위성으로 갈 수가 없는데 영이 '비행기'라면 혼은 '연료'라고 할 수 있다.〕

지구별은 수준이 낮아 다른 별로의 여행을 시도할 때 획일적으로 죽음을 택하는 것이다.

더러는 우주 비행사들이 대기권을 들락거리긴 하지만 3차원의 공간적 상황에서 물리적인 힘으로 움직이기 때문에 한계가 있는 것이다. 따라서 인간들 스스로 과학이라는 학문이 한계가 왔다는 것도 알고 있으며 동서양의 학문을 교류하면서 스스로를 재평가하는 작업을 시도하며 열심히 노력하고 있다. 그러나 아직은 지구별의 인간들에게는 정신 과학이 교육화되지 않아서 우리들처럼 생각하는 대로 동(動)과 정(靜)을 함께 이루어내지 못하기 때문에 한계를 넘는 데 인간들의 시간으로는 많은 시일이 소요될 것으로 판단된다.

예정된 시간대로 속속 영이 도착하고 있었다. 그리곤 그들 나름대로 휴게실에 삼삼오오 나누어 앉아 자기의 혼이 오기를 기다리며 쉬고 있었다. 더러는 기다리던 혼이 영을 만나 반가워하며 자기 위성의 여행 계획을 이야기하면서 즐겁게 미래를 설계하고 있었다. 요사이 들어 영과 혼의 도착 시간이 점점 더뎌지고 혼의 모습들이 불량하게 생겨서 자기 가족들의 부축을 받으며 오는 경우가 빈번해지고 있었다. 그래서 업 라인에서는 연일 회의를 거듭하고 있으며 금명간에 특단의 조치가 취해질 거라는 소문들이 저승사자들과 영들에게 공공연히 나돌고 있었다.

한편 제왕실 곁에서 통신을 기록하는 컴퓨터는 각 별들의 일지를 기록하느라 쉼 없이 가동되고 있으며 에러 발생 시를 대비하여 비상용 기구를 대기시켜 놓고 있었다. 각 위성으로부터 메시지를 수신하다가 장애물에 의해 에러가 발생할 경우에는 벼락이나 천둥을 쳐서 송수신 통로를 깨끗이 정리하는 것이다.

지구별의 경우는 대기권의 막이 있기 때문에 송수신 통로의 정리는 쉬운 편인데 청소 시 외계인처럼 고전압에 견디지 못하는 인간들은 가끔 청소의 통로를 이용해 영혼의 집합소로 와버리는 경우가 발생하여 함부로 청소하지 않는다.

통신이 이루어지게 하는 에너지는 태양별에서 뿜어 나오는 뜨거운 열기〔적외선〕로 우주 전체를 유기적으로 움직이게 하는데 그 움직임의 교신은 각 위성의 핵에서 주관한다. 우주의 운항 스케줄은 약 수 광년의 주기로 짜여져 있기 때문에 일점 일획의 빈틈도 없이 진행되고 있다.

또한 제왕의 별에서 우주의 운행 프로그램 관리를 하고 있기 때문에 각 별은 태양으로부터 받은 에너지를 핵에 응축시켜서 자체 내부의 움직임으로 인한 파동을 가지고 제왕별과 운행 메시지를 교환하고 있는 것이다. 그 에너지의 움직임은 이렇다.

태양의 열과 빛의 힘을 핵에 저장하여 용암이나 물의 움직임으로 보(補)하고 사(沙)하여 끊임없는 움직임으로 고유의 파동을 갖는 것이다.

4. 영과 혼의 규율

인간에게 주어진 활동이 멎어지는 순간 저승사자의 부름을 받은 영은 떠나 버리며 영의 집합소에서 혼이 오기를 기다린다.

혼은 장례가 끝나면 자손의 면면을 살핀 후 제사 때의 모임을 약속하고 떠나가는데 이승에서의 못다한 이야기라든지 시신의 주거를 편치 못하게 만들어 놓을 경우 반드시 편안하기를 기다리기도 한다. 그리고 허공을 맴돌며 자손의 꿈을 뒤지며 강한 메시지를 전달하기도 한다. 만일 주변여건이 잘 이루어지지 않았을 경우는 행동에 착수하는데 그 행동은 매우 날렵하고 민첩하여 인간의 움직임으로는 도저히 알아 볼 수가 없다. 인간의 과학으로는 초광속이라고 한다. 즉 생각의 속도인 것이다. 무엇을 상상하며 순간의 현장 그림을 떠올리는 순간 영혼은 이미 출발과 도착을 하는 것이다.

그 숫자의 내용은 인간에게는 6이요, 신에게는 어떤 신

이라도 7에 해당하기 때문에 아무리 영특한 인간이라도
조금 모자라는 듯한 신들에게도 이길 수가 없는 것이 우
주의 법칙인 것이다.

5. 영혼의 사고

사나흘 정도 혼을 기다리는 영의 대기소에 있는 어느 영의 이야기를 빌자면, 그는 일류 대학의 학생이었으며 졸업 후 가계를 살리려는 꿈 많은 젊은이였다.

그러나 현실이 너무 궁핍하여서 학교를 휴학하며 쉬는 중에 누이가 정신병의 증세로 이상해지고 어머니는 가출을 하여 돌아오시지 않으며 아버지는 밤낮 고주망태가 되어서 그나마 없는 살림을 부수고 있으니, 끼니를 거르는 일이 다반사였다. 외가댁에 전후 상황을 말씀드리고 도움을 받으러 가던 중 교통 사고를 당하여 쉼 없이 영혼의 대기소에 있노라고 했다.

역학 조사를 해보니 학생의 할아버지가 3년 전 돌아가신 후 선산의 터에 매장을 시켜 장례를 치르고 났는데 아버지와 어머니의 꿈을 통해 가끔 나타나셔서 머리가 아프고 춥다며 술 한 잔 달라고 호소를 하시는 것을 보고 도저히 무서워서 잠을 못 이루며 지내다가 술은 입에 대지도 못하는 아버지였건만 어느 날부터 밤새워 술을 드시는 거였다.

견디다 못한 어머니는 그 길로 자취를 감추었고 멀쩡한 누이마저 병원을 들락날락 하다가 기어코 누워 버렸으니 가산이 기울 수밖에. 그러자 그 학생은 자동적으로 학교를 멀리하게 되었던 것이었다.

문제는 할아버지가 돌아가신 후 장례를 치르는 과정에서 시신이 제왕의 통신 시설인 수맥파장을 가린 것이었다. 혼이 시신의 상태를 꿈을 통해 자손들에게 계속 알린 거였다. 그런데도 못 알아듣자 할아버지는 교통 사고를 통해 손자를 택한 것이었다.

원래 혼은 고유의 주파수를 가지고 영의 대기소로 가야 하는데 할아버지의 시신 머리 부분이 수맥에 닿자 주파수가 흔들리면서 혼의 방황이 시작되는 것이었다. 그러면서 혼은 자손에게 텔레파시를 이용해 메시지를 수맥이 움직일 때마다 전한 것이다.

역학 조사의 결론은 시신이 수맥파 위를 가리게 되면 영혼이 고유의 주파수를 잃어버리고 방황을 한다는 것으로 저승사자 본부별에서는 이것을 불문율로 여기고 있다.

6. 영혼의 법칙

영의 집합소에서는 혼란한 지구별 중에 유난히 반짝이는 곳이 있어서 그곳을 관찰하기로 했다. 중국과 한국 그리고 일본 열도였다. 통신선에 가장 강한 주파수를 지니고 있는 땅이기 때문에 본부에서도 신경을 써서 매우 흥미롭게 관찰을 하고 있는 중이라고 하며 대부분의 많은 영들도 관심을 갖고 있었다.

반짝이는 것을 자세히 보니 기공을 하는 중국인들 같았다. 그들은 밝고 윤이 나며 처음에 우리별에서 보낸 인간의 세포를 원형 그대로 유지하고 있었다. 참으로 놀라운 일이다. 대부분의 인간들은 20세가 넘으면 각기 세포의 빛을 잃어버리는데 우리들의 레이더에 잡힌 운동을 하는 중국인들은 세포 하나 하나가 제 역할을 하며 힘차게 움직이고 있었다.

그들은 공원에 모여 체조를 하며 가끔 토론도 했다. 다른 세포들의 움직임을 보니 기공 체조를 하고 있는 것 같왔다. 가만히 그들이 하는 이야기를 들어 보기도 했다. 여기저기서 주춤대던 영들이 하나 둘씩 둘러서 지구별의 모습을 지켜보고 있었다.

단식이나 명상을 통해 호흡을 가다듬으면 신진 대사가 원활해지고 체내의 세포가 각자의 역할을 하여 생기가 돈는다. 그런 맑은 상태로 인간이 태어나지만 죽은 후의 모습은 세포로 판정을 하는 것이 아니라 유골로 판단을 한다. 따라서 외부의 물리력에 의해 유골이 변화가 되면 영혼의 법칙에 어긋나기 때문에 자손에게 여러 문제를 가져다 주는 것이다. 즉, 유골이 좋은 상태로 보존이 되면 모든 통신이 원활해지는 것으로써 살아 있는 자손에게 해를 끼칠 염려가 없으며 우주의 영혼의 집에서 여행도 원활하게 할 수 있게 된다.

7. 잃어버린 육신

인간 생활에서 태어남과 죽음은 누구나 맞이하는 것이다. 태어날 때 우주의 기운을 받은 인간의 신체를 소우주라고 하며, 태어나는 시간과 계절에 따라 생사화복을 논하기도 한다. 아마 그러한 것을 팔자라고 하는 모양이다. 죽을 때는 사람마다 위치나 방향이 다르며, 예정일 역시 알 수가 없다.

집을 나와 돌아다니다 길거리에서 죽은 것을 객사라고 하는데 이들은 대부분 공교롭게도 머리를 북쪽 방향으로 향하여 죽는다. 대부분 많은 사람들은 가족 앞이나 병원에서 운명을 한다. 그런데 예외의 경우, 즉 전자에 말한 대로 집을 나가 객사하여 가족이 못 찾는 경우나 비행기, 배 등에서 실족사로 인해 시신을 찾지 못하는 경우에는 영혼의 만남이 쉽지 않다.

이럴 때에 외국에서는 채널러라는 무속인들이 귀신을 불러들이는 작업을 하는데 아마도 주파수의 채널을 맞춰

서 대화를 하느라고 채널러라 부르는지 모르겠다. 우리
나라에서도 그런 일을 하는 사람들을 무당이라고 부르는
데 훌륭한 무당은 죽은 귀신을 불러 대화를 하는 것은 물
론 길흉을 판단, 직계 자손들이 더욱 좋은 길로 갈 수 있
도록 인도도 하는 것이다. 국내의 출판물 시장이 연간
8000억 원 정도인데 무속인들에게 뿌려지는 돈이 연간 2
조나 된다니 실로 어마어마한 일이 아닐 수 없다.

　사자의 시신을 찾지 못한 채 제를 지낼 경우에는 반드
시 무당을 통해 혼의 위치를 찾아 가족간의 대화를 시켜
주어야 한다. 그런 후 의식에 따라 안녕을 기원하는 제를
지내며 사자와 영혼간의 결합을 축하해 주며 구천에서 맴
도는 잡신이 되지 않도록 구원을 해주는 것이다. 그 후
때가 되면 제를 지내서 모셔 줌으로 해서 자손의 번영을
구하는 것이다. 그런데 아쉬운 것은 제 할 일을 제대로
하는 고급 무당이 드물다는 것이다.

제5장 명당의 지혜

1. 효창 공원

(1) 백범 김구의 묘

효창 공원에 새로 모신 김구 선생 내외분의 묘 중앙에 수맥이 지나가지만 그림처럼 시신을 피해 갔으므로 천만다행이라 할 수 있다.

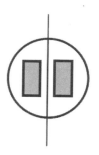

합장한 김구 선생 내외분 묘

풀이

중국의 상해에서 모셨던 유해가 조국의 효창 공원으로 모셔졌다. 수맥이 중앙을 정확히 교차하니 두 분의 자리가 서로 나누어져 위험을 피했다.

묘의 보충설명

짧지만 입수가 잘 발달되었다. 묘의 앞에 우측으로 비석이 모자를 쓰고 있는데 옛날에는 반드시 국가에서 정한 높은 벼슬을 한 경우에 사용하게 되어 있다. 중앙에는 석등이 있으며 좌우로 망루가 있는데, 자세히 보면 다람쥐가 오르고 내리는 형태를 취해 항시 지키고 있음을 의미한다.

※ 김구(金九) : 1876~1949. 대한민국 임시정부(臨時政府) 주석(主席). 김구는 황해도 해주(海州)에서 태어났다. 을미사변(乙未事變) 때 국모(國母)의 원수를 갚기 위해 일본군 장교 쯔지다를 의살(義殺)하고 투옥(投獄). 1919년 3·1운동 이후 상해(上海)로 망명 대한민국 임시정부 초대 경무국장(警務局長)·내무총장(內務總長)·국무령(國務領) 등 주요 요직을 거쳐 주석에 이르렀다. 한인애국단을 조직하여 이봉창, 윤봉길 의사의 의거를 통해 임시정부의 위상을 크게 높였다. 한국국민당, 한국독립당을 조직하고 한국광복군을 창설하여 조국 광복에 애를 쓰기도 하였다.

1945년 광복 후 신탁통치 반대를 하며 자주독립을 위해 미·소 등의 한국 분할 정책에 맞섰다. 1949년 6월 26일 경교장에서 안두희에게 피살되어 사망하셨다.

(2) 삼의사 묘(三義士 墓)

효창 공원에 있는 세 장소의 묘 중에 삼의사 묘가 가장 좋은 장소에 있다. 백범 김구 선생의 주선으로 봉환되었으며 이봉창(1900~1932), 윤봉길(1908~1932), 백정기(1896~1934) 세 분의 묘이다.

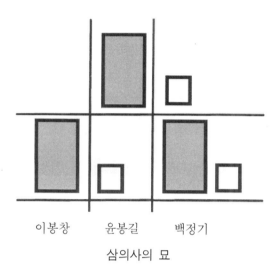

이봉창   윤봉길   백정기

삼의사의 묘

품(品)자의 형태로 모셔졌는데 수맥도 멋지게 피해 간 좋은 자리이다.

좌청룡과 우백호가 발달하여 있으며 특히 입수가 툭 불그러져 그대로 살아 있으며 당판이 넓어 품자로 쓰고도 자리가 여유가 있다. 또한 하단에 전순이 잘 발달한 것은 자손들이 잘되는 것을 암시하기도 하며 전체적인 배경도 매우 좋은 장소로 본다. 외부에서 봉분이 잘 보이지 않아 안정감이 있으며 도심에서 흔치 않은 천하 명당의 장소라 칭하기에 부족함이 없다.

단지 입수 부분에 철조망으로 얼기설기 지저분하게 울타리를 치거나 나무 사이에 가시철조망으로 묶어 놓은 관

리 상태가 아쉽다고 느껴진다. 또한 패철로 측정하기에는
당시 자연 조건과 지금의 도시개발계획으로 인한 조건과
차이가 너무 많아 원래의 의도를 알 수가 없어서 패철 이
론은 기록치 않았다. 빌딩이 앞을 가려서 자연의 원리를
파악하기가 쉽지 않다. 이럴 때는 도면〔지도〕으로 판단하
면 쉽다.

(3) 임정요인(臨政要人)의 묘

효창 공원이 묘 자리로는 장소가 무척 좋았던 것으로
판단을 한 것 같다. 특히 김구 선생은 독립운동가들을 다
잠들게 하시고 자신도 이곳에 묻히셨으니 말이다.

이곳은 일(一)자 형으로 4위의 장소를 만들어 놓고 이
중에 3위만을 봉안하여 쓰고 있다.

이동녕, 조성환, 차리석의 세 분인데 1948년 중국에서
이장하였다.

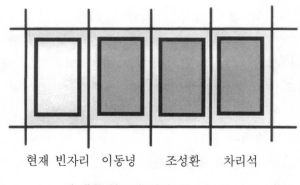

현재 빈자리   이동녕   조성환   차리석

수맥을 정교히 피한 묘의 위치

해설

효창 공원의 자리도 명당이지만 이 당시 묘를 자리 잡은 풍수 선생의 지혜에 감탄과 찬사를 보낸다.

장담하건대 자손의 건강과 번영이 지속적일 것으로 판단된다.

효창 공원의 3개소에 사용된 묘들은 모두 바둑판 그리듯 수맥을 피하여 정교하게 사용되었다. 아마도 김구 선생께서 풍수에 관한 해박한 지식이 있었던 것으로 추측된다.

2. 월정사

가) 창건 배경

월정사는 643년〔선덕여왕 12년〕 자장율사가 이곳을 찾으면서 창건되었다. 643년 당나라로 들어간 자장율사는 중국 오대산의 문수보살석상 앞에서 7일 동안 기도하면서 "신라 땅의 오대산에 1만 문수보살이 항상 머물러 계신다"는 이야기를 기도 속에서 듣고는 6년의 중국 수행 길 이후에 신라 땅 깊은 산골에 터를 잡게 되었다는 것이다.

나) 부도

강원도 유형문화재 제55호 석종형 부도가 대종을 이루고 있는데 월정사에 머물렀던 고승들의 부도 22기가 있다.

다) 월정사 팔각구층석탑(八角九層石塔) 〈국보 제48호〉

월정사뿐만 아니라 세계적인 보물인 월정사 팔각구층석

탑은 높이 15.2미터에 이르는 웅장한 외형에 팔정도를 상징하는 8각으로 이루어져 있으며 8각으로 된 1층의 옥계석 밑에는 4방으로 4개의 작은 감실이 하나씩 뚫려 있다. 4개의 구멍은 곧 탑으로 들어가는 문이요, 그 문을 들어서면 부처님의 영원한 몸을 뵈올 수 있다는 것을 상징하고 있다. 또한 이 탑의 팔각 추녀 끝에는 모두 풍경이 달려 있으며, 제9층의 옥계석 위로 솟아 있는 상륜부는 팔정도 수행을 통하여 이룩한 깨달음의 경지를 상징화하고 있다.

라) 월정사 석조보살좌상(石造菩薩坐像)〈보물 제139호〉

구층석탑 바로 앞에는 공양을 올리는 모습으로 무릎 꿇고 앉아 있는 보살상이 있는데 이 보살상을 두고 흔히들 문수보살 또는 약왕보살(藥王菩薩)이라고 하지만 불경을 조사해 보면〔법화경 약왕보살품〕약왕 보살의 전신인 희견보살(喜見菩薩)로 보는 것이 더욱 합당할 듯 싶다.

마) 아아! 적멸보궁〈오대산, 지방문화재 제28호〉

신라 선덕여왕 12년에 당나라에서 돌아온 자장율사가 창건을 하였고, 오대산 지로봉 중턱에 사랑을 창건하고 부처님 정골사리를 봉안한 우리 나라 4대 보궁의 하나이다.

보궁이란 불골을 모시고, 불상이 없는 사찰을 말한다.

용이 여의주를 희롱하는 형국이라 해서 명당으로 이름이 높다. 전설에는 이 산세에 따른 용의 정곡 부분에 정골사리가 묻혔으며, 그 지점에 표석이 드러나 보였다고 한다.

용의 운 부분에 샘물이 솟고 있는데 이를 용안수라고 한다. 그 용안수 옆에 토굴이 뚫어져 있어 이를 용의 비혈이라고 한다.

상원사에서 가장 좋다고 느껴지는 것이 바로 적멸보궁이다. 오르기로 한 날은 5일째 단식을 한 후라 기운이 없어 어떻게 올라가나 걱정이 되었다. 그런데 오르며 내리며 감로수 맛에 힘을 얻고 적멸보궁에 두 손 모아 엎드려 구구절절 빌고 또한 좋은 기를 받아 건강하기를 기원하면서 내려다보니 내장이 다 시원하게 빈 느낌이 되어 내려왔다.

마음을 비우면 진짜가 거기에 있다는 말이 있다. 이것을 과학적인 논리로 말하자면, 모든 물질을 구성하는 원자는 아주 작은 미립자이며 그 속은 텅 비어 있다. 원자 주위의 활동이 응결되어 물질이 구성되는데 인간도 결국 마음을 비우는 원자와도 같은 수준이 되면 해탈을 하는 것이 아닌가 싶다. 자연의 원리대로 원자 구조처럼 속을 비우는 작업. 그래서 흔히 듣는 운동 경기에서 마음을 비워서 승리를 했다는 이야기와 관련이 있으며 종교 지도자들이 필수로 행하여야 할 기본적인 감각이기도 하다.

1000년이 훨씬 넘어 지정을 한 당시의 수행자들이 살아서 움직이는 능력을 보는 것 같아 잠시 원자의 빈 공간을 동조하는 기분이 들었다. 적멸보궁에서의 잠시 머무름으로 무념 무상에 빠지고 있다는 생각에 발길이 떨어지지 않았다.

3. 김대중 대통령 조상 묘

용인시 이동면 묘봉중리의 산자락을 보면 산세가 수려한 곳에 요혈마다 몇 개의 산소가 만들어져 있다. 그 중에서 산허리를 타고 내려와서 중턱에 버티고 있는 그리 편안해 보이지 않는 봉분이 몇 개 있는데 뒤편의 산에서 불어오는 팔요풍의 무서운 바람이 산소의 좌측을 때려 서서히 무너져 가고 있다〔패철의 2층으로 측정을 하는 팔요풍의 원리는 어느 산자락이나 일정하게 바람이 움직인다는 원리로 정확하게 들어맞는다〕.

딴은 수맥이 흐른다고 하고 과협의 산허리라서 무너져 내린 것으로 이야기들을 하는데 천부당한 소리이다. 입수에 따른 혈도 잘못 짚어 마치 손가락 장갑을 왼손과 오른손 구별을 못해 바꿔 사용한 형태가 되어 버렸다. 즉, 묘의 위치와 방향 등이 잘못되었다는 것이다.

순리대로 이야기한다면 오히려 주변의 묘소들이 명당이라 할 수 있을 것이다. 묘를 쓰기 전에 생각지도 않았던

도로가 포장이 되고 많은 사람들이 찾아와 인사를 드리게
됐다면 명당이라 할 수 있는 것이 아닌가?

분명한 것은 형형색색의 이야기들을 하고 있지만 이기
론으로 풀어 본다면 분명히 혈토가 아닌 자리에 사용을
한 것이다.

팔요풍을 맞은 묘 - 김대중 대통령의 가족 묘

4. 건축가들에게 고함

생기가 모여 있는 터에는 수맥이 2~3미터 간격으로 계속 흐른다. 그런 터를 설계부터 잘 이용하면 좋은 건축물을 만들 수 있다. 또한 방향을 잘 설정해서 생동감을 부여하는 건축물을 만들어 주거하는 사람들이 좋은 기를 충전할 수 있도록 해야 하는데 삼합오행(三合五行)이니 팔요풍(八曜風)이니 하는 문자를 이야기하면 골이 아프다 하며 혀를 내두른다.

이집트의 피라밋을 분석해 보면 이런 저런 설이 난무하는데 필자는 이렇게 생각한다.

수맥이 흐르지 않는 터에는 척박하기 이를 데 없는 사기가 충전되어 있는데 이런 장소에 좋은 기를 만들기 위하여 삼합오행의 원리로 삼각형의 구조체를 세워 놓으면 내부에는 기가 응축되기 마련이다. 그 가운데 시신을 보관하면 신선한 기를 유지하므로 부패를 막게 된다. 묘터를 구하는 원리도 이 경우에서 벗어나지 않는 것이다.

두꺼운 콘크리트에 균열이 생기고 담장에 금이 가서 건축주나 감리자들로부터 시정을 요구받고 수십 년이 흘러도 고쳐지지 않는 이유는 스스로들 무엇이 문제인지 알려 하지 않는 데에 문제가 있는 것이다. 외부의 마감이 미려하고 내부의 인테리어가 살아 있다 하더라도 수맥이나 건축물의 방향을 개선하지 않으면 컴퓨터의 소프트웨어를 이해하지 않는 것과 다를 바 없다.

이제 미려함과 경제성만을 추구하는 설계와 시공을 과감히 내던져라. 만일 당신이 구상한 건축물이 완성되었을 때 사용되는 날부터 당신이 원하는 경제적 가치로까지 이어지는 건축물이 얼마나 되는지 곰곰이 생각을 해보아라. 금도끼와 은도끼를 마다한 나무꾼은 경제성이나 그 가치를 몰라서 정직을 고사한 것이 아니라, 쇠도끼의 실용성을 생각한 것이다.

5. 수맥의 파괴력

명당에는 반드시 수맥이 흐른다.

좋은 터의 주위에는 생기가 있게 마련이지만 접하고 있는 모든 물체는 파괴가 된다. 즉 자기의 본연의 성질대로 힘을 보유하지 못하고 물리적인 힘에 의해 파괴되고 만다.

참으로 아이러니컬하게도 어디가 좋은 터인지 육안으로 판단하기는 참으로 어렵게 되어 있다. 그것은 자연의 조화가 흉함을 기묘하게 감추고 있기에 구분하기가 어려운 것이다. 특히 묏자리를 찾는 데는 겉만 보아서는 매우 힘들다는 것이다.

생기를 몰아다 주는 수맥이지만 그 속에는 무서운 파괴력이 도사려 있다. 건축 회사에 근무를 하면서 매우 두꺼운 콘크리트에 균열이 가는 것을 보며 수맥의 흐름에는 반드시 파괴력이 있다는 점을 알게 되었다.

(1) 균열이 생긴 건축물

수맥을 측정하는 와이로드[낚싯대의 앞부분을 묶은 것]를 이용하여 땅 주위를 서서히 탐사하다 보면, 균열이 가 있는 부분에서 밑으로 당겨지는 힘이 생기는데 이때 와이로드가 수평이던 상태에서 아래로 내려간다. 가정집의 벽, 아파트의 옹벽, 길거리의 도로 포장 등의 균열은 모두 수맥 때문이다.

수맥의 파괴력
: 바닥과 벽에 균열이 동시에 가 있다.

수맥의 파괴력에 의해 벽에 붙어 있던 타일이 떨어진 모습

(2) 수맥의 방향

지면에 흐르는 수맥은 지하 수십 미터에서 수천 미터까지 흐르며 그 파괴력은 차등하게 주파수로 전달되어 온다. 그 주파수는 인간이 가지고 있는 고유의 파장을 흩트려 놓기 때문에 집중력을 떨어뜨리며 기본적인 성질을 바꾸어 놓는다〔요즘 유행하는 뇌파학습기의 원리는 일정한 주파수를 시각과 청각으로 뇌에 전달을 하여 파장을 변형시켜 집중력을 갖게 하는 원리이다〕.

따라서 수맥의 흐름을 알아서 이용을 하려면 수맥의 방향을 알아야 한다.

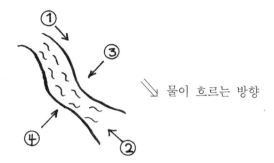

물이 흐르는 방향

수맥의 방향
 ; 90도의 각도로 사방에서 접근을 하면 한 방향은 닫히지
 않는다. 바로 그 방향이 수맥이 흘러나가는 방향이다. 이
 때 수맥은 뒤에서 흘러 들어오는 것이다,
 위의 그림에서 ①번의 엘로드는 cross되지 않는다.

①번에서 측정했을 때

②번에서 측정했을 때

③번에서 측정했을 때

④번에서 측정했을 때

(3) 자연과 수맥 그리고 도구들

나무가 있는 곳에 수맥이 흐르면 나무는 반드시 휘어지며 자란다. 그것은 식물이 수맥파장에 의해 괴로움을 표현하는 방법이기도 하다.

수맥을 측정하는 도구에는 여러 가지가 있다. 그 중 낚싯대 끝 부분은 천 원 정도면 구입할 수 있는데 끝 부분을 묶기만 하면 도구로 이용 가능하다. 옛날에는 버드나무 가지나 용접봉과 철사 등을 이용하였다.

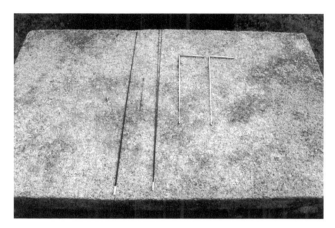

수맥을 측정하는 간단한 도구들 : 왼쪽부터 펜듈럼,
와이로드(낚싯대 끝부분으로 만든 도구), 엘로드

도구가 아
래로 내려가
있는 모습

수맥을 측정하는 모습 : 수맥이 안 흐르면 수평
상태로 있고, 수맥이 흐르면 밑으로 향하여
내리 꽂는다.

도구가 수평
상태로 있는
모습

제6장 지도를 보고 명당 찾는 방법

1. 명당, 명당, 명당

어느 날 자장이 공자에게 물었다.

"선비로서 어찌해야 통달한 사람이라 할 수 있겠습니까?"

"네가 말하는 '통달'이 무엇을 말하는 것이냐?"

"제후를 섬기면 기필코 명성을 날리고, 경대후의 신하가 된다 해도 이름이 나는 것을 말합니다."

"그건 명성이지 통달이 아니다. 성격이 바르고 정의를 좋아하며 말과 안색을 통해 상대의 마음을 들여다보고 항상 신중히 생각하면서 남에게 공손한 사람, 그리하여 제후를 받들든 경대후의 신하가 되든 잘못되는 일이 없는 사람을 '통달한 사람'이라고 한다."

「논어(論語) 안연(顔淵) 편 」

배산임수와 좌청룡 우백호를 기본으로 하여 남주작이네 북현무네 하고 떠들면 대부분 골치 아파한다. 이제껏 이런 일은 주로 목소리 큰 사람이 대접을 받지 않았던가?

전후 좌우를 보면서 내 위치를 잘 구분하여 보면 명당은 그리 어려운 일이 아니다. 묘 자리의 내부는 판단하지 못하면서 주변의 경관에 토를 달며 명당 운운하는 것은 옳지 못하다. 오래 전 유명 풍수가들이 지나온 발자취를 보면 지금의 일반적인 풍수가들에게는 적잖게 문제가 있다는 걸 알 수 있다. 경제적인 수치로 자리를 판단하는 것은 옳지 못하다.

음양오행을 빌자면 천간의 10자와 지지의 12자가 있는데 천간은 10자의 뜻이 그대로 있으나 지지는 12자 속에 또 지장간이라 하여 수많은 자가 숨어 있으며 수많은 뜻을 내포하고 있다. 이와 같이 한 사람의 팔자를 보기만 해도 하늘땅이 나오는데〔여기서는 사람의 기운을 양(陽)으로 판단하자〕, 죽은 사람의 음택〔음, 陰〕의 기운은 뜻에 따라 수많은 변화가 일어난다. 복잡하고 어려워 보이지만, 결국 음택의 요점은 땅 속에 있다는 말이다. 혈과 기 그리고 수맥 등이 어우러진 모습을 판단하는 것이 풍수의 진수라 할 수 있다. 한마디 더 거들면, 산에 나무를 잘 심어 놓고 조경을 신경 쓰면 아름답고 보기 좋은 산이 되지만 그렇다고 그 산에 없던 혈이 생기고 좋은 음택의 장소가 되지는 않는 것이다.

여기 맛있는 음식이 하나 있다고 생각을 해보자. 옥구

슬 같은 쟁반이나 접시에 음식을 담아서 주변의 맛있는
음식과 함께 멋진 식탁에 놓인다면 고급스럽고 비싼 음식
으로 분류가 되며 실제로 미식가에게 높은 점수를 받을
것이다. 그러나 찌그러진 깡통에 아무렇게나 담겨져 있다
면 누군들 고급 음식이나 맛있는 음식으로 판단하겠는가?
즉 똑같은 조건의 음식이 놓인 자리에 의해 평가를 받는
다는 것이다.

주변 환경이나 놓여 있는 그릇의 모양이나 형태에 따라
음식에 대한 판단이 변화되듯이 명당의 요건을 겉 배경만
으로 판단한다면 산지기의 수준으로도 훌륭한 풍수가의
능력이 있다 할 수 있을 것이다. 혜안이 있고 기의 기운
을 아는 능력자의 취급을 받아야 하는 것이 풍수를 다루
는 정도가 아닐까 생각한다. 우리 몸에는 혈이 있어 침을
놓는 부분이 따로 있는데 아무데나 침을 꽂는다는 것은
흉기로 상처를 내는 것과 다를 바 없다.

명당의 요체는 주변 환경과 안 보이는 땅 속의 기운의
조화를 균형있게 판단을 하여야 하며 자손의 면면을 실제
로 판단하여야 하는 것으로 종합적인 음의 예술인 것이
다.

인간은 죽음을 통해 생물에서 무생물로 변화하는데 장
례를 통해 영혼을 혈이라는 아름다운 그릇에 담아 자유롭
게 여행을 하도록 만드는 것이다. 찌그러진 그릇과 깨어
진 그릇에 담아 영혼의 안녕을 기원하는 미련한 이가 있

다면 당연히 해를 받을 것이다. 그런데 그 그릇을 미끼로
말도 안 되는 사업을 일삼는 풍수가 있다면 떠도는 혼
백으로부터 분명 벌을 받는다는 것을 기억해 둘 필요가
있다.

요즘 정의로운 사회가 구현되어 그런지 몰라도 사후에
장기를 기증하는 것과 장례의 예식을 화장으로 하는 것,
그리고 묘지 면적의 법제화에 관한 것이 무슨 유행병처럼
번지고 있다는 기분이 든다. 특히 공직에 있는 분들과 대
중의 인기를 얻고 사는 이들이 표면적인 행동을 한다. 이
런 일들이 유행가와 같은 한때의 감정에 존귀한 조상의
혼백을 매도하는 것 같아 아쉬운 생각이 든다.

우리 나라 국토는 매우 좁다. 그렇다고 농부들이 농사
터가 좁다고 하며 구석구석 땅을 개간하지 않는 것은 아
니다. 그저 한때의 충동적인 기분만으로 판단하는 것은
합리적인 생각이 아니라고 말하고 싶다.

세상에 대한민국만한 명당의 터는 없다. 여러 나라의
여행을 통해서도 느끼지만 우리 나라는 현무주작과 청룡
백호가 살아 있으며 감로수가 풍부히 솟아나는 땅이고 과
일이나 농작물, 그리고 바닷가의 해산물 등이 가장 맛있
고 좋다.

이웃 나라 일본은 지진으로 음택의 기운을 보존하기 어
렵고 불안하며 중국의 산들은 등성이 자체로만 몇 천리가

넘어 용이 살아 있지 못하다. 러시아나 유럽 등지에는 땅이 안 좋아서 물 자체가 석회수이다. 그래서 그냥은 마시기 어려운데 무시하고 계속 마시면 석회가 다리로 모여 발목이 굵어지고 각 기관에 병을 유발하며 특히 콩팥에 담석증을 대량으로 일으킨다. 땅이 넓은 호주에서도 물은 반드시 가공을 하여 사용한다.

물과 바람은 지질이 좋고 높낮이의 변형이 적당히 있어야 깨끗하고 바람이 시원하다. 바로 이런 땅에 풍수가 살아 숨을 쉬는 것이다. 세계에서 몇 나라 안 되는 고귀한 천연적 재산을 가진 우리는 모래땅에서 나오는 기름과 대륙의 드넓은 땅을 부러워할 것이 아니라 녹용과 인삼을 비롯한 귀한 농작물, 그리고 풍수에서 얻어지는 지혜로 세계를 지배하는 날이 머지 않았음을 알아야 한다. 왜냐면 물질의 세계에서 정신의 세계로 변하는 시대이니까.

2. 나도 할 수 있는 혈 찾기

명당의 터를 고를 때는 소유하고 있는 땅의 지도[지적도와 축척 25000분의 1 지도]를 보고 판별한 후 설정을 하는데, 현장에 가서 전체의 산을 파악하기가 훨씬 쉬워진다. 이렇게 하면 코끼리 부위 만지기 식에서 탈피하여 전체의 용맥을 찾기가 매우 간편하다. 우리 나라의 맥은 백두산에서 뻗어 나와 각 지역으로 분배된 것을 보며 판단을 하는데 개발이 되어 산허리가 끊어져 있는지의 여부는 현장을 조사한 다음 판단을 한다.

지도로 등고선을 그리고 패철로 방향을 잡고 하다 보면 묘터는 물론 집터의 경우도 길흉화복을 정확하게 판단할 수 있다. 마치 토목기술자처럼 측량을 하는 것이다.

물론 이론이 뒷받침되는 근거에 의해서이며 다분히 과학적인 정황이 있다. 그것은 반드시 지정한 곳에는 비석비토인 혈토가 나오기 때문인 것이다. 종래의 지관들이 쓴 묘터들은 무엇을 근거로 했는지 모르겠지만 혈 자리를 바로 옆에 놓고 명당터로 쓴다든지 아예 말도 안 되는 자리에 쓴 경우가 부지기수이다. 대부분 많은 사람들이 패철의 기술을 혼자만 알고 있고 잘 알려 주지 않는 것이 불문율로 되어 있는 풍토가 아쉽다〔감히 말을 하고 싶은 것은 심(심 봉사) 지관들아, 너희가 산벌을 받기 위해 애를 쓰니 명이 짧아져서 일찍 죽고 마는구나!〕.

산등성이를 헤매다가 정확한 지도의 자리를 발견해도 재측정을 하다 보면 가끔 지도와 다른 경우가 발생한다. 그것은 지도의 발행 연도와 실제의 개발이 차이가 나기 때문이다.

그러므로 수맥을 피한 명당을 찾으려면 먼저 현장 답사를 하고 나서 도면을 이용해 찾는데, 터의 상태를 미리 이야기해 준다. 그것은 명당터가 아니더라도 소유한 땅을 잘 이용하는 데 도움을 주기 위해서이다. 이 말이 "당신 땅에는 명당이 없지만 노력하여 찾으면 좋은 장소가 있을 거요" 하는 어영부영한 이야기를 하려는 것은 절대 아니다. 그것은 분명히 자본주의 사회에서는 남의 땅이 명당이면 뭐하랴, 내 땅도 아닌데 그림의 떡이 아닌가? 하는 생각을 대부분 가지고 있기 때문이다. 내 땅이 명당은 아니더라도 조금만 신경 쓰면 보다 잘 이용할 수 있는 것이다.

공원 묘지를 쓰기도 모자라는데 명당은 웬 명당이냐고 할런지 모르겠지만 묘 밑으로 수맥이 흐르는 점을 피해 주기만 하여도 해악을 당하지는 않는다는 것을 꼭 기억해

주면 고맙겠다.

  - 내가 여러분에게 알려드리는 것이 여러분 조상님 묘
의 수맥을 살피는 차원에 더 깊은 뜻이 있음을 말해주고
싶다.

3. 초능력의 실체

5년 전 마인드컨트롤을 배우며 지면을 통해 미국인 창안자 '호세실바'를 만났다. 그의 이론이 매우 흥미로운 것은 이루 말할 수가 없다.

일반 성인들이 레몬이라는 단어를 형상화시키면 목에 침이 솟아난다. 그러나 그 단어를 모르는 이에게 레몬을 이야기하여도 침샘은 동작을 하지 않을 것이다. 다시 한번 말하면 외국인에게 식초라는 단어를 쓰면 못 알아들음은 물론이며 침샘에 침도 생기지 않는다. 이처럼 자손이나 형제가 망자의 이름을 대는 순간 형상화시킨 그 모습을 주파수로써 파장을 받아 감지를 하는 것이다.

일부 전문가들은 도면 탐사를 통해 수맥은 물론이고 광물 탐사, 그리고 건강 진단 등을 판단한다. 이 경우 도면을 놓고 대상물을 생각하며 동조하기를 원하며 추를 만지면 추가 원하는 방향으로 움직이며 그 움직임으로 판단을 한다.

가령 금광에서 금맥을 찾을 경우에는 금을 형상화한 다음 도면이나 현장에서 추를 움직이는 것이다.

나의 경우는 대화자가 형상화시킨 사자와 터의 파장으로 판단하기 때문에 순간적으로 이루어진다. 단, 많이 하면 할수록 기가 소멸되기 때문에 가급적 장난삼아 하지는 않는다.

따라서 누구나 일정한 수련을 통하면 할 수 있는 일이다. 이를 이용해서 일부 한의사와 고려수지침에서 그리고 세계 각국의 펜듈럼 동호인들이 원유 시추 작업 및 지하 광물에 대한 탐사를 하고 있다.

상대가 이야기를 하며 망자의 이름을 대는 경우에는 반드시 형상을 떠올리게 되어 있다. 그때 집중을 하여 상대의 머리 속에 그린 형상을 잽싸게 채오는 것이다. 그 형상을 그림으로 그리거나 생각해 두면 나의 머리 속에 망자의 주파수가 입력이 된다. 그 주파수는 질량이 있는 상태가 아니므로 상상 속에서 추를 만지게 된다. 이때에 판단을 하는데 너무 순간적이라 예민함을 필요로 하기 때문에 주위가 산만하거나 정신이 혼란하면 안 된다. 이러한 집중은 작고 큰 교육을 통해 심신이 단련되면 매우 쉽다. 문제는 과감한 결정력이다. 어렵다고 생각하지 말고 마음을 비우고 내 뜻으로 판단도 말고 움직이는 기의 세계를 느끼려 하면서 미약한 기운에 전적으로 의지하면 자연의 순리대로 추의 움직임을 구분할 수가 있다.

금을 찾기 위해서는 금을, 물을 찾기 위해서는 물을 간절히 원하고 원하는 기본적인 회로를 한쪽 뇌의 공간에 구상을 하는 것이다. 따라서 아이큐와 나이, 경력은 다 필요 없고 단지 순수한 느낌만 있으면 누구나 할 수 있다. 단지 프로의식을 갖는다는 것이 중요하다고 생각을 한다. 글로 표현하기에 너무 부족한 점을 이해 바란다.

4. 경매로 얻으면 경매로 날린다

경매에 부쳐진 집을 구입하여 사는 집은 경매로 넘어간
다. 관계자 여러분에게는 대단히 죄송하고 송구스런 이야
기지만 넓은 아량으로 읽어 주시면 감사하겠다. 법원에서
법적으로 경매에 부쳐지면 헐값이 되기도 한다 하여 자격
증 제도가 생기기도 하는 모양인데 집을 짓는 땅에도 기
운이 있어서 문제가 생기면 묘한 일이 벌어진다. 그 중에
한가지가 경매로 집이 떠도는 것이다. 한마디로 기운을
잘 보존하지 못하고 스트레스를 받고 있는 터이기 때문에
임자가 따로 없고 계속 주인이 바뀌는 경우이다.

들판에 조화와 꽃을 함께 심어 놓으면 구분없이 벌·나
비들이 그 위에서 놀며 사랑을 한다. 그러나 어느 정도
시간이 지나면 조화에는 벌과 나비들이 가지 않는다. 이
에 비유하자면, 조화에 해당되는 터에는 사기가 충만하여
잘못되는 일이 벌어지게 된다.

우면산의 기운을 받아 방배동을 통해 한강으로 뻗어 내

린 맥을 보면서 이런 것을 느낄 수가 있었다. 남부순환도로를 끼고 진도도매센터가 형성되더니 주인이 바뀌기를 반복하며 바로 뒤에는 국제전자센터가 들어섰는데 그 회사 또한 부도가 났다. 이 터는 음택의 터로 양택에는 합당하지 않은 곳으로 볼 수가 있다. 앞으로 쭉 내려오면 300미터 지점에 거북곱창이라는 선술집이 있으며 그 뒤에 50미터 정도 떨어져 역시 남향받이 정육식당이 있는데 좌우에 많은 식당이 있어도 그곳에만 손님이 벌떼처럼 몰린다. 우연의 일치인지는 몰라도 장사가 잘되어서 증설을 한 곱창가게가 100미터 떨어져 있는데 혈이 같은 선상에 있는데 방향은 맞지 않는다. 불황에 사람이 더욱 많이 모이는 것은 모든 경제 활동을 하는 사람들이 아이엠에프로 기가 충만하지 못해 충전을 위한 장소로 생각이 되기 때문에 더 몰리게 된다.

그 앞으로 500미터 정도에는 국내 최대의 아방궁들인 저택들이 즐비하게 늘어서 있는데 그곳이 방배동의 부촌이며 그 옆이 서래마을이다.

이런 모든 것이 과학을 하는 논리론자에게는 헛소리로 들릴지 모르겠지만 조화와 생화를 구분하는 것과 같이 택지 선정은 중요한 것으로 깊이 생각을 해볼 필요가 있는 것이다. 그래서 예로부터 장사는 목이 좋아야 한다는 말은 이런 장소를 두고 하는 말이다.

5. 그림으로 판단하는 명당

【대표적인 명당도1】

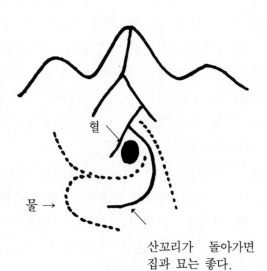

혈

물 →

산꼬리가 돌아가면
집과 묘는 좋다.

【山水同居(去)】

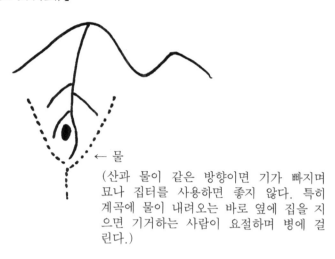

← 물

(산과 물이 같은 방향이면 기가 빠지며 묘나 집터를 사용하면 좋지 않다. 특히 계곡에 물이 내려오는 바로 옆에 집을 지으면 기거하는 사람이 요절하며 병에 걸린다.)

【대표적인 명당도2】 사신사(四神砂)

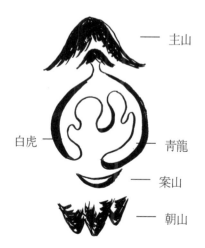

— 主山

白虎 — — 青龍

— 案山

— 朝山

【대표적인 흉입수도】

입수가 넓다

입수가 넓어 다처(多妻), 불구자(不具者)를 두며 맥이 不通하니 요절하고, 음행하며, 패가 망신한다. 그 외에 흉입수도에 의하면 나쁜 일이 많이 일어난다 하여 풍수에서는 금기한다.

【형기로 보는 산1】 문필사(文筆砂)

붓과 같이 뾰족한 모양이면 문장가가 나온다. 방향에 따라 발복이 각각 구분이 되는데 임관방(臨官方)이면 眞貴人, 손방(巽方)이면 文筆을, 간방(艮方)이면 복록(福祿)을 발복한다.

【형기로 보는 산2】 천마사(天馬砂)

하늘을 나는 천마와 비슷하다 하
여 복을 빨리 가져다 준다 한다.
과거에 응시하면 급제한다.

【형기로 보는 산3】 고궤사(庫櫃砂)

토성의 산으로 부를 이룩한다.
墓庫에 있으면 좋고, 특히 楬과
艮方에 있으면 거부(巨富)가 된
다.

【형기로 보는 산4】 사모사(紗帽砂)

장원 급제와 같은 높은 벼슬을 한
다.

【형기로 보는 산5】 삼태사(三台砂)

삼형제가 연속 등과하여 벼슬을
하며 자손이 번성한다.

【형기로 보는 산6】 일자문성사(一字文星砂)

자손이 부귀하며 풍요롭게 산
다.

【절용】 도로가 생겨 변형된 경우

기존의 국(局)과 향(向) 그리고
파(破)가 변형되므로 발복이 변
형되어 좋지 않을 수가 있다. 좋
아지는 경우도 가끔 있다.

【대표적 명당도3】

일반적으로 형기론자들
은 이러한 환경을 가장
기본적인 명당이라고 한
다. 그런데 똑같이 배운
사람이 한 장소를 감결해
도 서로 다른 주장을 하
기도 한다. 그러나 이기론
의 방법을 적용하면 어느
누가 그 자리에 가도 같
은 이야기가 나온다.

【목산(木山) 오행산】

귀인(貴人)을 배출하며 관운에
영향을 미치고 동쪽에 위치하면
왕(旺)하나 북쪽에 있으면 수의
기운에 영향을 받아 득기(得氣)하
며 서쪽에 있으면 금(金)의 극
(剋)을 받아 기운이 깍인다.

【화산(火山) 오행산】

문장가를 배출한다 하며 남쪽에
있으면 왕(旺)하고 북쪽에 있으면
수(水)의 극(剋)을 받아 기운이
깍인다

【토산(土山) 오행산】

중앙에 위치한 토산의 형국은
귀부(貴富)의 영향을 가져오는데
봉분에서 내려다보며 좌우의 산
밑으로 밭이 보이면 귀부의 크기
를 비유한다.

【금산(金山) 오행산】

서쪽의 방향을 이야기하며 재물 (財物)운을 관장하고 남자들의 우애가 좋다고 한다.

【수산(水山) 오행산】

예술적 재능과 선비의 청 렴함을 나타낸다. 방향은 북쪽으로 본다.

【규봉(窺峰)】

일반적으로 묏자리에 서면 산등성이 너머로 손톱 크기 의 봉우리가 넘보고 있는 경우가 있는데 이것을 규봉 이라 하여 재물의 손괴를 당하거나 패가망신하는 경 우가 발생을 한다고 한다. 이기론(理氣論)에 의해 자 리가 정해지면 자연이 수려 하고 규봉 따위가 머물지 않는다.

【파(破) 정하는 법】

봉분의 자리, 즉 용(龍)에서 좌측을 내려다보면 산이 끝나는 부분에 물이 보이거나 논, 밭, 집들이 보이면 그곳을 파(破)로 정하며 패철(佩鐵)의 8층으로 결정을 하며 이에 따라 국(局)을 정한다. 이것이 터를 잡는 가장 먼저 해야 될 일이며 가장 중요하다.

※ 참고 : 4개의 국(局)은 木・火・金・水로 구분하며 국(局)은 묘・절・태파라는 3개의 파(破)로 구분된다. 파 내에는 천간과(天干) 지지(地支)의 배합으로 어울리는데 천간은 지지보다 배 이상 발복한다고 전해지고 있다.

【물의 방향 - 좌선수(左旋水)1】

내당의 물이 좌측에서 우측으로 내려가는 것을 좌선수라 한다. 좌선룡에 내룡과 외룡의 물의 방향이 서로 틀리다. 충이 발생이 되어 자연 黃泉이 발생하니 매우 안 좋은 자리이다. 박 대통령 부부 묘가 해당된다.

※ 참고 : 좌, 우선수 구분법 - 봉분 위에서 보아 좌우측의 넓은 쪽의 지형을 기준으로 삼아 방향을 본다.

【물의 방향 - 좌선수(左旋水)2】

물이 좌측에서 우측으로 내려가는 좌선룡에 내룡과 외룡이 같아 좋다고 한다.

※ 참고 : 내당과 외당의 차이는? 봉분 주변 뒤를 내당, 봉분에서 산 아래로 내려다 보이는 이후를 외당이라 한다.

【방향(方向) 잡는 법】

파(破)를 정한 다음 국을 설정하고 용을 정하여 방향을 잡는다. 대부분의 형기론자는 앞산을 보고 방향을 잡는다. 그러나 적법치 않은 이론이며 풍수에서는 여러 가지 이론을 종합하여 혈토를 찾는 것이 목적이다. 수구에서 삼합(三合)오행의 규칙에 의

해 120도를 틀어 좌향(坐向)을 잡아 쓰게 되면 발복을 한다. 좌향법은 96개의 향법이 있기는 하나 용과 수구가 정해지지 않은 공동묘지의 경우에는 무용지물일 뿐이다. 설령 묘의 위치가 안 좋아도 수맥과 적당한 향을 잘 잡기만 한다면 부자는 될 수 있다.

【수구의 구분법】

좌우선수의 구분은 묏자리에서 내
려다보면서 자연의 넓이가 넓은 쪽
을 기준으로 잡는다. 좌선수·우선
수의 크기와 내당·외당의 수순이
맞지 않으면 황천이라 하여 흉지이
다.

【산수 동거】

주로 계곡에 적용되는데 계곡 옆에
나 물이 내려오는 쪽의 방향에 일직
선으로 집을 짓게 되거나 묘를 쓰면
모든 것을 잃게 된다. 이를 '절멸한
다'라고 한다.

【기의 응축 - 음택】

묘(墓) 주변의 생기(生氣)는 외
부로부터 바람과 섞이지 않도록
청룡과 백호가 잘 감싸주어야 한
다.

【기의 응축 - 양택】

산이 좌우로 적당히 막혀서 음양의 조화가 잘 이루어지므로 생물이 번성하고 발육이 좋으며 생기가 감돈다. 이런 곳은 지기(地氣)가 좋아 태어나 성장을 하게 되면 출세를 하는 발복지로 본다.

【사기를 막는 바닷가의 집】

가옥에서 강이나 바다가 직접 보이면 음기가 닿아 기를 빼앗아가며 바람을 쏘이면 건강을 잃는다. 이런 문제로 선인들은 강가와 바닷가에

집을 짓게 되어도 창문을 물 쪽으로 보이게 내지 않는다.

제7장 무서운 암과 불행의 씨앗

조상을 알면 암보다 더 무서운 병도 피할 수 있다.
 - 존 에프 케네디 일가의 사고는 그의 조부 묘에서 기인
을 하는 것이다.

 우주의 모든 만물들이 만들어지고 인간이 태어나는 것
은 자기의 의사와는 관계가 없다. 단지 생명력이 주어지
는 그 순간부터 죽음에 이르는 순간까지 자기의 감정이
생기기 때문에 표현을 하며 사는 것이다. 즉 유기적인 움
직임으로 탄생과 죽음을 반복하는데 빌자면 인간은 흙에
서 와서 흙으로 가는 존재이며 일생을 살면서 풍요롭고
건강하게 사는 것은 삼라만상의 이치에 하나도 어김이 없
다.
 동양에서는 이런 학설을 음양오행에 견주어 학문과 의
술이 발달을 하였다.
 따라서 자연의 이치를 알고 순리대로 살아가더라도 유
기적인 재료, 즉 조상의 배합에 따른 부작용이 내 대에
돌출이 된다면 병이 되는 것이고, 과거와 미래의 또 다른
유기적인 배합을 무시하면 병이 되는 것이다. 즉 태어나

는 것도 내 마음대로가 아니지만 건강하게 살아가는 것도 내 마음대로 되는 일이 아닌 것이다.

세상이 변하는 만큼 무서운 병도 증가한다고 하지만 아직 병의 이름, 즉 발병을 하는 원인 균을 발견하지 못해서 지나치는 것도 얼마나 많은가? 주일 학교 때에 성경 공부를 통해 배운 이론을 보아도 아픈 경우에는 먼저 교회에 가서 목사님에게 상의하도록 되어 있다. 개인적인 존재보다는 유기적인 합성적 생명론을 이야기하는 것이다.

아픔이 닥치고 고통이 닥치고 재난이 오는 모든 것의 유기적인 일들은 당신의 조상에서 기인을 하는 것이다.

1. 지금 미국에서 사업을 하는 별명이 하마라는 형님의 소개로 그의 매형을 만나 몇 년간의 교제 끝에 친한 사이가 되었다. 몸집이 튼튼한 게 어찌 보면 건달 같은 덩치의 그 형님은 풍운아 기질이 있어 하고 싶은 일을 하며 산 사람 중 한 분이셨다. 가끔 들를 때마다 이런 저런 사업구상을 들려 주시기도 했다.

그러다가 1년 정도를 못 만나게 되어 소식을 끊고 있었는데 어느 날 예고 없이 들러서 만난 형님은 반쪽이 되어 있었다. 깜짝 놀라 여쭈어 본 즉, 폐암 말기 환자라는 것이다. 이전 저런 이유를 다 생각해 보았지만 왜 하필이면 내가?라는 단어 외에는 떠오르지 않았다 한다. 결국 장례가 치뤄지고 시간이 지나면서 조상에 대한 의심을 갖게 되었던 것이다.

2. 나에게는 친한 친구가 하나 있다. 그 친구의 형수님은 아주 미인이시며 무척 성실하시다. 그 친구의 형은 서울의 모 대학을 나왔는데 역마살이 있는지 한 곳에 머무르지 못하며 이곳 저곳을 무척이나 열심히 다니셨다. 가끔 만나게 되면 그때마다 직업을 물어 봐야 할 정도였다. 그러다가 어느 때인가 선거 판에 끼어 들어 운동원이 되어 바쁘게 움직였다. 그나마 형수님의 직업이 선생님이기에 수입이 있어 아이들 교육은 바르게 시키며 가정을 꾸려 나가지만 마음고생이 여간이 아니었다. 친구 형은 아는지 모르는지 열심히 다니는데 매일 떨어지는 후보의 뒤만 밀다가 판이 나버리니 겉돌 수밖에 없었다.

친구와 소식이 끊기고 10여 년 지난 뒤 우연히 소식을 접하게 되었다. 얼마 전 모 시장의 선거 핵심 참모가 되어 고생을 한 끝에 시장으로 당선이 되어 현직 비서실장의 직함을 가지고 있었다. 반가운 마음을 주체할 길이 없어 전화로 연락을 취해 인사를 드리고 시간 나는 대로 방문을 하기로 했다.

두어 달 지난 후 마침 근처에 갈 일이 생겨서 방문을 하니 친구 형은 자리에 없었다. 물어 보니 병원에 있다는 이야기를 하여 병명을 물었더니 식구들이 이야기를 안 하며 미소를 지어 대충 그러려니 하고 돌아온 후 친구 녀석에게 어렵사리 전화를 하였는데 형이 폐암 말기라는 것이다. 평생 고생을 하고 이제야 살 만해진 것 같은데 참으로 안타까운 일이 아닐 수 없다.

친구 부친께서 돌아가신 지 수년이 되었는데 그 묘를 생각해 보니 느낌이 닿아 왔다. 그 형님이 내 책의 잉크내음이라도 맡을 수 있을지 걱정이 된다.

3. 우리 나라의 교육 체계가 사회와의 동질성이 없는 것은 누구나 다 아는 사실이다. 머리 좋은 이들은 대부분 안정된 법대에서 안락을 추구하는 것이 그 중 하나이기도 하다. 현장에서 일을 하다 만난 사람들을 보면 학력과 자격증과 기술 능력이 서로 틀린다. 즉 자격증은 있는데 일을 못하는 이들이 있는가 하면 자격증이 없는데 기술 능력이 뛰어난 경우도 허다하다. 그런 자들이 후진 양성 어쩌구 해서 학원에서 기술자들을 배출한다. 그것은 기술자가 아니라 요령자이다. 답을 쓰기 위한 요령의 기술 말이다.

현장 경험이 별로 없을 때에 나는 사업을 시작하였다. 그러던 중 동네 선배를 만나 우물딱 주물딱 일을 시작하였다. 기술은 뛰어났지만 규모는 작은 업체였다. 주로 내가 외부로부터 일거리를 맡아 오고 선배는 나가 일을 하였는데, 그 선배는 앗사라비아[사우디]에서 청춘을 바친 성실함과 기능이 잘 조화되어 실력을 인정받았지만 대인 관계에서는 인정을 받지 못한 편이었다. 잠시 외유로 외국에 갔을 때도 외부로부터 수주하여 하는 공사는 별로 하지를 못했다. 그리고 형수가 끼어 드니 엉키고 말아서 그만 없던 걸로 하여 헤어지고 말았다.

그리고 10여년 후 비보가 날아들었다. 위암 3기에 온 몸에 전의가 되어 수술대에 선 것이다. 지금 1달의 입원을 넘기고 사투를 벌이고 있지만 걱정만 하고 있을 뿐이다.

아주 오래 전에는 두 아들 녀석 중 막내가 한쪽 눈을 잃어 실명을 하더니 십 수년이 지난 지금 병마에 시달리는 것이다. 할아버지와 할머니의 묘를 모시지 못하고 잃어버려 방황을 하고 있는 터에 병이 찾아 온 것이다.

나이가 조금 더 들면 여기저기서 아프다고 아우성을 칠 것이다. 병원을 가 보면 아픈 사람들이 왜 그리 많은지. 원인이 무얼까? 아는 사람은 아무도 없다. 또한 의사 선생께 진료를 받을 때 가족 중에 아픈 사람 없는가의 여부를 묻는다. 이유 없는 유전이 있을까 해서 묻는 것인지…….

각종 기이한 암, 백혈병, 당뇨병, 만성 간염, 고혈압과 심장병, 신경정신과 질환, 부인암, 신장병, 호흡기 질환, 눈의 질환, 비뇨기과 질환, 허리디스크 병, 중풍, 교통 사고에 의한 병, 화재 등 재난의 모든 원인은 당신 조상님의 묘에서 기인을 한다.

특히 수질이 나빠짐으로 해서 더더욱 악성병으로 발전을 한다. 심성이 곱고 착하게 살고 예배당이나 사찰에 가서 마음을 다스리는 것과 관계 없이 조상님을 잘못 모시면 괴로운 병이 오는 것이다.

살아 있는 흙에 조상의 유골을 묻으면 영의 편안함으로 자손들이 해악을 입지 않고 편하며 발복을 통해서 부요하게 된다. 돈이 많아 잘사는 것은 물론 건강 또한 뒷받침되는 것이다. 내가 아는 한, 묘의 광중 속에서 나온 흙들의 컬러가 황금색에 가까운 가족들은 터럭만치라도 다치거나 병이 생긴 사람이 없으며 건강한 삶을 살고 있다. 이럴 때 비유가 될는지 모르겠지만 "뿌리 깊은 나무 바람에 아니 뮐쎄 꽃됴코 여름 하나니……"

말하고 또 말하지만 같은 장소라도 아주 작은 차이로 좋고 나쁨이 결정되기도 한다. 명당의 자리에 묘를 잘 써서 병을 피하기를 바란다. 이기론과 형기론을 모두 같이 제대로 배운 사람이라면 어떤 장소를 판단하여도 똑같은 답이 나온다. 마치 수학의 공식처럼. 그런 후 수맥을 측정하여 판단을 하면 명당이 되는 것이다.

재산, 명예, 건강을 찾고 잃는 것은 혈이 아니더라도 수맥을 피하는 지혜로 해결할 수도 있다. 당신이 태어난 것이 당신의 계획이 아니라면 누군가의 계획에 의한 것일 것이다. 눈에 보이지 않는 유기적인 거대한 움직임 속에 내가 살아가는 것은 먼 선대의 조상님이 있었기 때문인 것을 항시 기억하라.

인간의 신체는 활동을 하는 시간과 쉬는 시간이 구분되어 있다. 활동을 하는 낮에는 아픔의 고통이 덜한 반면 쉬는 시간대의 저녁에는 아픔이 밀려오며 더더욱 고통스러워하는 것이 음양오행의 이치인 것이다. 어린아이가 밤새워 울며 고통을 호소하는 것이 그렇고 대부분의 환자가 밤에 더 아픈 통증을 갖는 것이 그렇다. 이렇게 밤과 낮에 따라 하늘과 땅의 기운이 달라 우리의 건강을 변화시키고 있다.

태백산에 유명 탄광들이 하나 둘 폐광이 되면서 지역 자체가 생명력을 잃어 가고 있다. 그러던 것이 카지노 시설이라는 명분으로 새로운 판짜기를 하는 몇 년 동안 서서히 탈바꿈하고 있다. 우리 나라 탄의 채취는 유럽이나 러시아, 호주 등지와 달라서 직립 갱도를 파서 생산을 해내야 하므로 깊이가 이만저만이 아니다.

그런 깊이에 탄부들이 고생을 하여 채취한 석탄이 경제성이 없다는 것을 조금이라도 감내하기 위해 전직 대통령이신 한 분은 아직도 기운 바지를 입으시고 연탄을 쓰고 계시는 것이 소시민으로서의 연민의 정에 콧등이 찡하다.

3000미터의 깊이에 해바라기를 가져 들어가 놓아 보니 인간의 생각으로 상상할 수 없는 일이 벌어졌다. 해바라기의 꽃잎이 개기월식을 느끼며 비가 오고 맑음을 감지하더라는 이야기이다. 그 깊고 단절된 곳에서……

나무를 해치는 경우 나무가 스트레스를 받는다. 뱀을 잡는 사람 앞에 뱀이 꼼짝 못하고 개를 잡는 사람 앞에 개가 꼼짝 못하는 것과 같이, 산림을 마구 해치는 사람이 오기만 해도 나무는 스트레스에 시달리면서 긴장을 한다. 음악을 들려준 과일 나무가 더욱 탐스럽게 열리는 이유는 자연과의 동화를 유도해 내는 것이기 때문이다.

그뿐이 아니라, 사람의 손에 붙잡힌 조개도 만조 시각이 되면 입을 벌려 달의 인력을 알아차리고 바닷게를 비롯해 어패류는 보름이 되는 밤에 난소가 커져서 종자를 번창시킨다. 또한 인간이나 동물에게 심정의 가장 큰 변화를 주는 정신상태의 변화가 보름에 가장 많음도 무관치 않으며, 유럽 지역에 백야 현상이 오래 지속되는 곳에는 여자의 생리가 끊겨 신체 리듬을 잃어버린다.

들에 핀 풀 포기 하나도 우주의 움직임에 지배를 받는데 만물의 영장인 인간이 현재의 자기가 완성된 인간의 모습이라고 느낀다면 어마어마한 착각일 것이다.

앞으로 혁명적인 천재 학자가 나오면서 우주의 기운을 공부하고 연구해서 그것을 수학의 공식처럼 과학적으로 풀이할 수 있는 시간이 오면 조상을 모시는 일들이 앞으로 논리적으로 규명되며 불치병이 오는 원인도 알게 될 것으로 생각이 된다.

불치병과 불행한 사고들은 광중 속에 있는 시신의 유골에 수맥이 지나가면서 주파수의 전달로 인해 일어나는 것이다. 세계적으로 유명한 미국의 전 대통령 케네디의 아들 존 에프 케네디 2세의 사고는 그의 조부 묘에서부터 비롯되는 것이다. 또한 조부의 묘를 이장하지 않으면 앞으로 2, 3대 후손까지 여파가 진행되리라는 무서운 여운이 남는다.

제8장 명당 이야기

1. 욕심쟁이 딸의 정성으로 얻은 명당 자리

예로부터 딸은 출가 외인이라 했는데 그와 관계된 내용을 한번 살펴보기로 하자.

옛날 권력이 당당한 어느 선비의 집안에 자손이 번창을 하였는데 그 집안은 조상을 극진히 모시기로 소문이 나 있었다. 어쩌다 조상의 예를 기원하기 위해 제를 지낸다 하면 모든 가족들이 모여 참배하고 묘터를 논할 때도 신중을 기했다.

세월이 지나 과년한 여식이 벼슬아치의 아들인 선비와 혼인을 하게 되었다. 덧없이 세월이 흘러 나이가 들자 선비가 몸져누워 오늘내일 하면서 병수발을 하는데 어느 날 친정집에서 급하기 기별이 오기를 친정 오빠가 죽었다는 것이었다.

그래서 부랴부랴 친정집에 도착하니 장례가 이미 치뤄지고 있었다. 친족이 되어 선산의 작업 상태를 보니 때마다 귀동냥으로 듣던 명당 자리를 파내며 열심히 일을 하고 있었다. 자기 서방도 몸져누워 있는 상태에서 이것을 보니 여러 가지 생각이 교차하던 중 그 자리가 탐이 나는 것이었다. 어떻게 해야겠는데 방법이 떠오르지 않아 궁리 끝에 초상을 치르는 와중에 산아래 개울물을 밤새 떠다가 파놓은 자리에 붓기 시작하였다〔명당의 자리에는 반드시 가까운 자리에 물이 나고 있음〕. 이른 아침 동이 틀 때까지 계속 날아다 부으니 어느 정도 홍건히 물이 고여 있어서 흉한 묘터가 되어 버린 셈이었다.

다음날 일찍 행여가 들어와 하관을 하다 보니 물이 고여 있어 깜짝 놀라며 수맥을 잘못 건드렸다고 하며 부랴부랴 다른 장소를 찾아 묻고 그 자리는 되메워 버렸다.

어느 정도 시간이 흘러 딸의 남편인 선비가 죽자 친정에 알리며 사정하기를 집안에 복잡한 일이 있어서 선산으로 묘를 쓰지 못하니 일전에 쓰려다가 덮은 자리를 주시면 감사하겠노라고 청을 하니 친정에서 까짓 물도 나오고 쓰지도 못하는 자리이기에 아깝게 여기지 않고 주었다.

그 후 선비의 자손은 일취월장을 하며 출세를 하였고 그 딸은 자식들의 성공에 기쁨을 감추지 못했다는 이야기이다.

실제로 경기도 마석에 가면 기계 유씨의 묘터에 지금도 박씨 선비가 한자리를 차지하고 있다. 출가 외인의 뜻이 조금은 비슷하였는지 모르겠다.

2. 한국 불교의 거장 원효대사와 사명대사

얼마 전 불교문화유적답사를 소백산 자락으로 가게 되었다. 상원사와 월정사에 들러 문화재인 절터를 보며 참으로 대단하다는 느낌이 들어 몇 자 옮겨 보았다.

산의 맨 꼭대기 부분에 적멸보궁[지방문화재 제28호]이 10여 평의 단층으로 우뚝 올라서 있는데 너무너무 멋진 혈 자리에 비석 같은 조그마한 탑을 세워 수많은 사람들이 기를 받으며 빙글빙글 돌기도 하고 절도 하며 기도도 하는 것을 보고 오래 전 선인들은 도대체 어떤 혜안으로 알기에 이런 곳을 선택하였는지 머리가 조아려질 뿐이다.

여기서 보궁에 대한 이야기를 잠깐 옮겨 보면, 보궁은 원래 불골을 모시고 불상이 없는 사찰을 말한다. 용이 여의주를 희롱하는 형국이라 해서 명당으로 이름이 나있는 곳이며 전설에는 이 산세에 따른 용의 정곡 부분에 정골 사리가 묻혔으며, 그 지점에 표석이 드러나 보였다고 한다. 용의 눈 부분에 샘물이 솟고 있는데 이를 용안수라

하며 그 물맛은 정말 일품이다. 용안수 옆에 토굴이 뚫어져 있는데 이를 용의 비혈이라고 한다.

이 절과 보궁은 신라 705년 성덕여왕 때부터 시작되어 선덕여왕 12년에 완성이 되었다.

이 시대에 유명한 스님이었던 원효대사를 한번 찾아보기로 하자. 우리 민족 불교의 시초라 하여 지금의 내노라 하는 법사, 스님들은 그를 앙모하기에 부족함이 없다.

여기서 잠시 원효의 야사를 한번 짚고 넘어가기로 하자.

원효는 잘생기고, 글 잘 쓰고, 말 잘하고, 너무너무 인간적이기에 신라 여성들이 원효를 보기만 하면 앞이 안 보이고 숨이 막혀 어지러울 지경에 이른다고 하였고, 또한 그 기개가 총명하니 그 멋진 기풍을 누구에게 견주겠는가?

이런 원효는 뜻과 이상이 하늘을 찌를 듯이 높아 왕 이상의 꿈을 가지고 있었음에도 불구하고 사회의 흐름이 따라주지 않음을 직시하여 이렇게 살 바에야 스님이 되어 중생을 구제하겠다는 생각을 가지고 출가를 했다.

어찌어찌하여 출가했던 원효가 도를 통하여 세속으로 돌아오고 난 후 소문이 나자 당시의 여왕이었던 선덕여왕이 36세에 과부가 되어 홀로 대궐을 지키고 있었는데 남편이 있을 때는 발상도 못하였던 일을 생각하여 급기야 도를 통한 설법을 듣자는 명분으로 초청을 하였는데 왕의 부름을 거역할 수 없는 상황이라 대궐에서 법회를 갖자 원효의 말씀이 소문으로 듣던 것보다 더욱 진귀한지라 그만 넋을 잃고 말았다. 선덕여왕의 욕심에 원효대사를 장시간 대궐에 묶어 놓고 기회를 보다가 개인 면담을 청하여 이르기를, "저는 어쩌면 좋으냐"고 물은 즉 이에 답답하고 불편한 원효가 "알아서 하시오"라 대답을 하여 피한 일이 있었다고 한다.

이렇게 유명세를 타던 원효에게 한번은 절세미인 요석공주가 찾아와 말씀을 나누는데 그 모습을 보고 '한 송이 꽃이 시샘을 하는구나'라고 한탄을 하였으며 너무 예뻐 마음을 잃고 몸 둘 바를 몰랐더라.

이렇게 요석공주에게 마음을 빼앗긴 원효는 어느 날 저자거리에서 술을 진탕 퍼마시고 요석공주의 거처로 발길을 향하게 된다. 거의 다다랐을 즈음 원효는 개울물에 빠져 정신을 잃고 만다. 이 소식을 들은 요석공주의 하인들이 "어디로 모실까요"라고 요석 공주에게 아뢰니 요석공주 왈, "그걸 몰라서 묻느냐" 하며 안방으로 모셨는데 훗날 생산한 아들이 설총이다. 선덕여왕이 그 이야기를 듣고 화를 내더라는 말이 있었다 한다.

그 후 원효는 머리를 기르고 속세의 생활을 하는데 하루는 길을 가다가 상여가 나가기에 중얼거리기를 "야! 이놈아, 내가 진즉 뭐라더냐? 너 올 때부터 갈 때를 알았다" 하며 중생들에게 무욕을 가르쳤다고 한다. 누구나 갈 때를 알지 못하며 또한 코나 입으로 바람의 움직임이 없으면 누구나 죽는다. 오직 사람이라야 부처가 될 수 있다는 가르침을 전하여 많은 이들로 하여금 귀감이 되고 있다.

  많은 사람들이 사명대사와 서산대사를 혼동하고 있다. 그래서 서산대사의 업적을 한번 그려보면서 수행자들의 구분을 이 기회에 각인을 시켜두자는 의미로 몇 자 적기로 한다.

  서산·사명대사는 임진왜란을 겪으며 승병을 일으켜 대단한 공적을 세웠다. 물론 도인의 능력 또한 말로 이를 수 없이 대단한지라, 이순신 장군의 싸움에도 일조를 하고 활발히 운동을 하였다. 때에 약 3800여명의 포로가 일본으로 잡혀가게 되자 선조대왕이 사신을 보내려고 하여도 일본이 워낙 횡포가 심하여 누군들 목숨을 내놓고 가려 하지 않는지라, 사명대사가 청하여 주장자를 짚고 선조대왕의 명을 받아 좌의정의 높은 벼슬위치를 하사 받아 지금의 부산을 통해서 배를 타고 출발을 하려 하는데 당시 동래부사가 중놈이라고 마중을 하지 않았다. 그때만 해도 중은 사회적으로 천대받고 멸시받는 직업이었으며 호적조차 만들지 못하는 도외시되는 부류에 속하였으니 일반 벼슬아치의 이런 위세가 당연한 것으로 인정되기도 하였다.

　일본으로 건너간 사명대사는 여러 가지 신화적인 일을 보인다. 말을 달리며 병풍을 읽고, 뜨거운 쇠 집에서 견디며, 속셈이 있는 질문에 탁월한 감각으로 대처하여 대사로서 이름을 날리고 포로들을 송환하며 목적을 이루고 돌아오다가 동래에 도착하여 신하를 시켜 마중치 않은 동래부사를 잡아다가 참수해 버린다. 즉 선참(先斬) 후계(後戒)해버린 것이다. 이에 '빈도가 오고갈 때 마중을 하지 않아 왕을 능멸한 것으로 보고 죽여 버렸다'고 선조께 보고하니 선조가 아주 잘 죽였노라고 칭찬을 했다는 이야기다.

3. 요즘 여성의 루즈에 관한 궤변

세상에 무슨 일이 일어나려고 하면 조짐이 보인다고 한
다. 요즘에 경제가 어려워지고 빈부차가 심해지며 서민들
의 마음이 강퍅해지는 이상 기류에 내 마음도 싱숭생숭하
지만 이런 생각을 해본다.

근자에 많은 여성들이 입술에 칠하는 루즈를 적색이나
분홍색 계통보다는 흑색 계통으로 변형하여 멋을 부리는
경우가 많다. 선을 짙게 하여 개성을 돋보이고 싶다는 구
실이겠지만.

음양오행설에 의하면 여자는 음이므로 밝게 화장을 해
야 조화가 되는 것이다. 예전이나 지금이나 많은 여성들
이 선호하는 빨강과 분홍은 정열을 의미하는 색으로서 아
름다움과 정열을 나타내며 사랑을 내포하는 반면, 검고
구릿빛이 나는 컬러는 오행상으로 신장, 방광을 나타내기
때문에 직설적으로 표현하자면 성행위의 표현으로도 볼
수가 있다. 그러므로 남성들이 기가 빠져 축 처져있는 이

시대에 여성이 독설을 품은 듯 까맣게 칠을 하여 음험한
색(?)을 지닌다면, 이 사회의 구성비가 남자 아니면 여자
이며 양과 음이 동시에 존재해야 하는데 음의 과다로 세
상에 어려움이 닥치려는 징조가 아닐까 생각을 한다. 따
라서 입술에 거무스름하게 루즈를 칠한 여인들의 가정이
잘되기를 바란다면 뭐가 잘못되어도 한참 잘못된 것이다.
이런 스타일은 현재 인기인이거나 사회적으로 활동을 왕
성하게 하는 사람이라도 머지 않아 몰락한다.

제9장 21세기를 맞이하는 정신 건강법

1. 정신 세계의 변화

어느 날 자공(子貢)이 스승 공자에게 물었다.

"자장(子張)과 자하(子夏), 둘 가운데 누가 더 낫습니까?"

공자가 말했다.

"자장은 지나치고 자하는 모자란다."

"그렇다면 자장이 더 낫겠네요?"

"지나친 것은 모자란 것과 마찬가지다."

- 과유불급(過猶不及) -

「논어(論語) 선진(先進) 편」

누구에게나 과욕은 건강을 해치게 되어 있다. 무엇을 하든지 부족하거나 과하지 않게 마음과 건강을 다스려야 하는데 정보화 사회에서 무리하지 않고 성공하기란 매우 힘든 일이 되어 버렸다. 사람의 팔자도 균형을 잘 이루어야 좋은 삶을 살 수 있다고 한다.

건강에 관한 글을 몇 자 쓰기 전에 오행의 기본적인 이
치는 균형이라는 주제를 놓치지 말라고 강조하고 싶다.

정보 통신의 발달로 세계의 생활권이 한 마을에서 사는
것과 같이 되었다. 복제 인간이 생성되고 식량의 분자 구
조가 변형 개발이 되고 음식물이 대량으로 생산 가능해지
며 물질의 풍요로움을 맛보고 있다.

그러나 오늘날 우리가 잘 살고 있는가?라고 묻는다면
누구나 명료하게 대답하기 어려울 것이다. 현재 우리는
불확실한 미래를 찾아다니는 불확실한 삶, 즉 빅뱅의 시
대를 맞고 있는 것이다.

오래 전 이태리의 수도에서 지구촌의 삶에 대한 문제점
을 토론하는 모임이 있었다. 이른바 세계의 삶을 걱정하
는 지인들이 모여 작금의 발전이 성장 일변도로만 치닫는
것에 대한 문제에 대해 미국의 MIT 공대에 의뢰를 한 것
이다. 지구촌의 우리들 삶이 이대로 진행이 되면 과연 우
린 앞으로 어떻게 되는가에 대한 과학적인 의견을 듣기로
하였다. 1968년 의뢰를 하여 1971년 발표를 하였는데
이 발표 보고서가 「로마클럽보고서」이다.

이 보고에 따르면, 앞으로 30년 내에 현재와 같은 성장
에 제동이 걸리지 않는다면 지구는 100년 내에 파멸에
이를 것이라고 경고를 하고 있다. 그래서 세상이 발칵 뒤

집히는 문제가 야기되어 화두가 되고 있었는데 미국 사회
는 유난히 더 놀라워하여 이에 대한 식자들의 연구가 대
대적으로 이루어지고 있는 중이다. 이 보고서의 내용 중
산업과 관계되는 다섯 가지 요인만 이야기한다면,

첫째, 인구 증가
  - 초기하급수적인 인구 증가로 폭발할 지경에 이름
  - 2000년 초에 70억 명
둘째, 농토의 부족
  - 생산 곡물의 부족으로 식량난이 위기에 처할 것임
  - 식량 자급자족을 하는 국가가 50%도 안 됨.
셋째, 공업의 촉진
  - 환경의 무분별한 파괴
넷째, 자원의 고갈
  - 향후 50년 이내에 일부 천연 자원의 고갈
다섯째, 환경의 파괴
  - 자연의 생태계를 파괴하는 벌목과 개발로 인해 지
    구의 대기를 급변하게 만들어 반초자연적인 현상이
    도처에서 일어남

  이처럼 오늘날 우리가 살고 있는 사회가 과연 어디로
가고 있는 것인지, 미래의 불투명성과 불안감이 적나라하
게 발표가 되고 있다.

여기서 잠시 동양의 우화인 장자 편을 보면 이러한 이
야기가 있다.

남쪽에 '숙'이라는 이가 살고 있었고 북쪽에는 '홀'이 살
고 있었는데 둘 사이에 친한 교분이 있었나 보다. '숙'이
'홀'에게 볼일이 있으면 '숙'은 북쪽에 가서 '홀'을 만나고
오며 '홀'이 '숙'에게 볼일이 있으면 '홀'이 남쪽으로 내려가
서 '숙'을 만나고 왔다. 이렇게 계속 만남이 반복되자 만
날 일이 있다면 가운데로 와서 서로 반씩 편리를 도모하
자고 약속을 하였는데 가운데 땅의 주인은 '혼돈'이라는
자인데, 그에게 허락을 청하여서 승낙을 받았다.

고마움을 느끼고 있었는데 세월이 흐르자 '숙'과 '홀'은
'혼돈'에게 고마움을 갚기로 의견을 모았다. 보은의 답으
로 '혼돈'의 얼굴이 형상화되지 않아 구멍을 뚫어 주기로
하여서 '혼돈'에게 이런 선물을 드릴까 한다는 이야기를
한 후 즐거웁게 허락을 받아 하루에 한 개씩 구멍을 뚫어
주었는데 6일이 지나 마지막 7일째 일곱 번째 구멍을 뚫
다가 '혼돈'이 그만 죽어 버린다.

여기서 혼돈은 무엇이며 무얼 뜻하는가?

혼돈의 7개 구멍을 「로마클럽보고서」에 적용시켜 보
면 현재는 마지막 7번째의 구멍 작업 중이라는 것이다.
'숙'과 '홀'이 '혼돈'의 얼굴에 구멍을 뚫어준 것은 선의로
은혜를 갚기 위한 일이었으며 아름다움을 더하기 위한 일

이었다.

과연 이 시대의 혼돈을 어떻게 살릴 것인가?

종교나 사상, 철학 등이 혼돈의 삶을 일으켜 세우지 못한다면 존재 가치가 없는 것이며 해결을 못한다면 그 가르침은 빛 바랜 골동품과 무엇이 다르겠는가!

지금까지 30년간을 「로마클럽보고서」의 내용에 비춰 보았을 때 우리는 어떠한가?

환경 파괴와 생태계 변화로 심각한 오염이 되었으며 지구의 온난화가 가속화되어 기상 이변이 곳곳에서 속출을 하여 지구를 괴롭힌다. 물질은 마음 같지 않아서 없어질 때 찌꺼기를 남기는 것이다.

기후는 3℃∼16℃ 상승하고, 지표면에서 해수는 30㎝∼100㎝ 상승하는 등 변화가 일어나고 있다. 그런 중에 유명한 탄허 스님은 일본의 열도가 가라앉을 것이라고 예언을 하였는데 일본이 가라앉으면 이웃 나라인 우리는 멀쩡하겠는가? 또한 오존층〔두께 3㎜의 얇은 막이 지구를 둘러싸고 있음〕파괴 현상이 심각하게 일어나고 있어서 자외선의 차단을 적절히 해주지 못하므로 피부암이 발생하고 백내장이 증가한다. 따라서 병 없이 살고 있는 현대인들은 똑똑해서 그런 것이 아니라 재수가 좋아 그런 것으로 치부할 수도 있다. 결론은 병든 문명에서 살고 있는 우리들은 정신적인 지도자들의 가르침으로 의미를 찾아야 하는 절박한 순간에 와 있다.

따라서 죽어 가는 혼돈을 살리기 위해서 문명의 변화가 있어야 한다. 즉 새로운 문명의 발상이 있어야 한다는 것이다.

전환되기 위해서 세계관이 변화되어야 하며 의식의 전환과 사상의 전환, 생명관 등이 변해야 한다. 결론은 각자의 의식이 달라져야 한다는 것이다.

2. 미래의 희망 때문에

　대부분 성공의 척도를 재물로 여기는 세대이다. 재물이 많은 사람들은 어찌 되었건 간에 그것을 모으는 열정적인 철학이 있다. 하늘이 내리면 갑부요, 땅이 내리면 재벌이며, 땀을 흘리면 부자 소리를 듣는다 하였으니 예로부터 하늘과 땅의 조화가 이루어져야 부자가 된다는 것은 삼척동자도 이해하리라 생각한다.

　열정의 의미가 무엇인가를 한번 되짚어 보기로 하자.

　요즘에 삼삼오오 모여 앉으면 하는 일이 고스톱이다. 법으로 금지가 되어 있으나 마나 재미있으니 하는 것이고 거기에 당연히 몇 푼의 거래가 이루어진다. 기도원이나 선방에서 기도들 하다가 조는 이들은 있어도 화투치다 조는 이는 없다.

　어떤 노인이 산행 중에 젊은 청년이 배낭을 매고 산길을 빨리 재촉하기에 같이 말동무나 하면 좋을 것 같아 말을 건네기를 "여보! 젊은이, 천천히 말동무나 하고 갑시다." 하니 힐끗 쳐다보는 청년은 얼굴이 붉어지며 오히려 빠른 걸음으로 가더란다. 그 앞을 쳐다보니 젊고 예쁜 처자가 앞서가고 있었다. 어깨에 걸머멘 배낭을 보니 텐트가 짊어져 있지 않은가? 빨리 올라가 그 짓거리(?)를 나누어야 할 정신에 이름 모를 노인이 같이 가자고 해도 그 이야기가 들리겠는가?

서양에서의 열정은 기독교 사상에서 비롯되는데 과거보다는 현재를 현재보다는 미래를 진취적으로 생각하는 경우가 많으며 그와 관련된 이야기는 무수히 많다.

생텍쥐페리는 "부하들이 배를 만들도록 하려면 나무와 연장과 설계도를 주기 전에 바다에서 항해가 얼마나 즐겁고 해볼 만한 일인지를 알게 하라, 그래서 그들이 항해에 대한 열망을 갖도록 하라."라는 말을 하여 우리에게 감명을 주고 있다.

강철 왕 카네기가 젊은 시절 사업에 실패를 하여 낙담을 하고 부둣가 뱃머리에 앉아 한숨을 쉬고 있을 때 배가 잔잔한 파도에 끄덕거리며 제자리에서 흔들리고 있어 무릎을 딱 치며 느낀 후 "출발하지 않는 배는 도착하지 않는다"라는 명언을 남기기도 하였으며 그는 실제로 열심히 열정적으로 노력하여 세계 최고의 갑부가 되기도 하였다.

결국 무엇을 이루려면 열정적으로 미치지 않으면 안 된다. 미쳐야 성공할 수 있다. 그런데 주의해야 할 것은 남에게 이로운 미침이라야 하는 것이다.

가령 한국통신공사에서 인공 위성을 띄웠다고 축하할 일이라고 하지만 그들이 공중 전화의 낙전을 거스름 해줄 설비를 만들 실력은 없다고 그냥 내버려두는 것은 문제가 있다. 또한 수시로 바뀌는 지역번호와 전화번호는 탁상 행정의 본보기이며 미래를 올바로 보지 못하는 회사라는 생각이 들게 한다.

그리고 PCS나 핸드폰의 기지국이 각 사별로 너무 많아 전자파가 심각한 사회적 문제가 되고 있다. 차량의 급발진이 그렇고 전자파의 방해로 비행기가 떨어지는 문제가 그렇다. 그런데 모두들 몰라라 한다. 또한 아날로그 시설을 만든 지 얼마 안 되어 모두 디지털 시스템으로 바꾸고 있다. 선진국인 미국에서조차 아직까지 아날로그를 잘 이용하고 있다.

누구의 속셈인가 한번 짚어 봐야 한다. 뭐, 산악 지역이 어떻다고 나오겠지. 기지국의 과다는 정녕 모래알 같은 민족인가라는 생각이 들게 한다. 공유할 수 있는 열정적 자세를 대기업과 사회 지도층에서부터 앞서가야 하지 않겠는가 주절거려 본다.

3. 낙엽이 떨어지는 이유

어렸을 때 놀이라는 것이 팽이치기, 딱지치기, 공기놀이, 고무줄놀이 등이었고 골목에서 주로 즐겼다. 그때에 우리의 시골 선조들은 하루 종일 자급자족을 하느라 뼈빠지게 일을 해야만 입에 풀칠을 하니 그것이 싫어서 도시로 상경을 하여 가난을 이기려는 노력을 게을리 하지 않았다. 그것은 지금의 권력가들을 보면 서울 사람이 부상하는 경우가 별로 없다는 것을 알 수 있다[대원군의 쇄국정책이 아니었더라면 시골의 노인들이 덜 고생을 하였을지도 모르겠다].

시골 어른들의 자급 자족의 노동을 본다 치면 한 가지예로 삼베 농사를 들 수 있다. 이 농사는 두길 세길이 훨씬 넘는 줄기를 끊어다가 삶아 한 올 한올 이빨이나 손톱으로 실처럼 얇게 쪽을 내서 가른 다음 끝을 이으려고 무릎에 올려놓고 비벼야 두 배의 실이 되었고, 그것도 하루 종일이 모자라 한 달 내내 시간을 내서 잇고 엮어 내어 만든 것이 삼베옷이다. 누에고치에서 실을 뽑을 때도 마찬가지로 한올 한올 풀어 물레에 감아서 옷감을 만들어 입는 정성과 노력이 가미되어야 겨우 살아갈 수가 있었다.

어쩌다 이웃 동네에 일이라도 있어 외출을 하면 옷매무새의 바뀜으로 금방 출타하는 것을 알고 어디 가느냐고 인사를 건네기도 하는데 그것이 사회 활동의 전부인 것이다.

그렇게 동양의 인내와 존중 사상은 모계 사회에서부터 진행이 되어 왔으며 그 가운데 성장한 우리들은 당연히 부모와 형제를 중심으로 하는 가부장적 제도권를 물려받게 되었으며 그러다 보니 명절이나 특별한 날이 되면 그러한 사상의 도를 느끼러 사찰에서 공을 들이거나 조상의 발자취를 찾아 숭배하는 것이 미덕이 되었다 또한 눈에 안 보이는 무형의 기운을 얻으려 종교 집회 등지에서 시간을 보냈다. 그러나 서양의 풍습은, 다 그런 것은 아니지만 시간만 나면 스포츠다 야외다 하여 놀고 마시는 향락적인 문화로 시간을 보내며 그것을 삶, 라이프로 생각을 한다.

야구를 보면 선수가 한 게임에 3회나 4회 정도 타석에 나가 한방의 안타를 쳐주기만 해도 3할 전후의 타석을 유지하는 선수는 이른바 잘 나가는 선수에 속한다. 내용을 보면 쓰리 아웃의 볼 카운트까지는 3회의 스트라이크가 있고 덤으로 볼이 몇 개 추가된다. 즉 많은 투구 수 가운데 하나만 쳐도 성공을 하는 것이다.

거꾸로 말을 하면 수많은 실패를 하여도 단 한 번의 배팅으로 성공에 이를 수도 있다는 것이다. 사람들은 성공이란 말을 달콤하게 여기지만 많은 사람들이 그 성공에 대한 대가를 지불하려 들지 않는 데에서 문제가 발생을 하는 것이다.

그 대가의 한 예를 보면, 높은 산에는 수목한계선이라는 고산지대가 있다. 더 이상 나무가 자라지 못하는 환경이라 그 위로는 잡초나 이끼류 외에 나무는 자라지 못한다. 그 수목한계선에서 자라는 나무는 비바람은 물론이요 눈사태의 힘겨움과 돌무더기의 내리침으로 인해 제대로 자라지 못하고 발목이 다 굽어져 자라는데 그 나무를 채취하여 많든 악기가 유명한 '스트라디 바리우스'라는 바이올린이다.

봄기운에 영양분을 힘껏 빨아올린 나무는 여름에 잎과 꽃을 피우며 태양 에너지의 기운을 통해 탄소 동화 작용을 한다. 차분한 가을이 오면 단풍의 아름다움을 힘껏 뽐내지만 이내 낙엽을 떨어뜨려 기운을 저장해야 모진 겨울에 찬바람을 맞아도 살아남을 수 있는 것이다.

말과 정신을 이루지 않는 들풀과 나무조차도 자기의 미래를 위하여 미련 없이 아름다움을 접고 인내로 대처하는데 하물며 만물의 영장인 인간들이 미래를 위한 희망의

느낌을 잃고 산다면 짐승과 무엇이 다르랴! 살아 움직이
긴 하지만 죽어 있는 생명체라 할 수 있다. 희망을 갖기
위해서는 원자 내부의 빈 공간처럼 마음을 비우고 목표를
향해 매진하는 열정이 있어야 하지 않을까 생각한다.

　동양에서는 보수적이며 과거 연결형의 풍습이 유래하여
처음 보는 이에게 가장 먼저 묻는 말이 고향이 어디냐 조
상이 누구냐 하는 것이다. 특히 우리 나라에서 한국적인
것이 세계적인 것이며 오래된 것이 또한 보물이라는 사고
가 어느 때보다 많이 어필되고 있다. 그래서 그런지 억지
로 안 되는 것을 조상의 기운을 받아 잘되고자 조상을 섬
기며 제를 지내는 문화가 정겹기도 하다.

제10장 돈 안 드는 아름다운 건강법

1. 소우주인 사람 몸의 자세와 정신

사람이 소우주라는 것에는 이견이 없을 것이다. 자석이 원형으로 있을 때에는 NS를 하나로 보유하지만 분리가 되는 순간 분리된 각자의 자석에서 NS극이 자연스럽게 형성이 되는 것처럼 인간도 태어나는 순간 세상만물의 기운을 띠고 태어나는 것이다. 그 기운은 바로 조상의 뿌리에서 비롯되는 것이다.

따라서 태어나는 순간 일정한 건강에 대한 복을 소유하고 태어나는 것이다. 또한 후천적인 질병은 자신의 관리 여부에 따라 건강의 유무를 선택하는 것이다. 후천적인 건강을 다루는 것 가운데 가장 중요한 것은 바른 자세에 있다. 대부분 일상 생활에서 업무를 보거나 살림을 하는 모든 경우에 자세가 올바른 사람은 건강을 잃지 않는다. 그것은 오장 육부의 움직임을 편하게 해주는 기본적이며 가장 편리한 방법이기 때문이다.

옛날 어느 고을에 사는 선비가 있었다. 그는 건강이 안 좋아서 아주 귀한 약재를 구하려고 벼르고 별러서 얻어다가 하녀에게 탕제를 부탁하였다. 정성을 들여 끓여 가지고 선비한테 올리기 전 식히려고 부뚜막에 잠시 올려놓았는데 평소 친한 하인 하나가 목이 마른 나머지 숭늉인줄만 알고 한번에 들이켜 버려 하녀는 혼비백산을 한 후 빠르게 다시 재탕을 하여 선비에게 먹게 해드렸는데 그해 겨울눈이 많이 내려 마당을 쓰는 머슴을 보니 맨발로 뒹굴고 있지 않은가. 선비는 혀를 끌끌 차며 "팔자로구먼" 하고 웃고 말았다는 일화가 있다.

79년에 논산훈련소를 입소하여 일요일에 신앙 간증을 들을 기회가 있었다. 간증자는 국가대표 축구 선수인 이영무 선수였는데 그의 몸무게는 68kg에 170㎝가 채 안 되는 키로 자기보다 체력이 훨씬 좋은 선수보다 빨리 뛸 수 있던 것은 하느님의 은총이었다는 것이 간증의 요지였다. 물리적으로 보면 덩치가 큰 사람이 더 빠를 것 같지만 정신적인 힘이 주관하는 것이다.

사람은 자기의 체질이 있기 때문에 거기에 맞게 건강관리를 해야 한다. 아무리 좋은 약이나 식품도 체질에 안 맞으면 독이 된다는 사실을 기억 할 필요가 있다. 요즘 병원을 찾기는 하지만 정확한 진단을 못 받아 고통받는 사람을 수없이 보아 왔다. 그 이유 중에 하나는 모두 기(氣)가 막혔다는 것이다. 스트레스와 가부장적 가계의 몰락으로 인한 인간성 결핍 등으로 인해서 순환하는 기가 멈추다 보니 양의학적인 개념으로는 파악되지 않는 것이다. 따라서 건강을 지키려는 것은 스스로 정리를 해야 한다. 특히 우리 나라 사람들은 성격이 급하여 딱 한차례의 복용으로 효과를 얻는 기적의 명약에 대한 기대 심리가 너무도 많다.

병이 생기기 전에 꾸준히 범해 오던 습관적인 원인이 개선될 때까지 노력하지 않으면 쉽게 병이 고쳐지지 않는다. 체질을 보는 방식에는 사상체질과 음양오행의 방법이 있는데 필자는 후자의 경우를 더욱 선호한다. 그리고 대부분의 중의〔中醫, 국내에서는 한의라고 함〕가 오행으로 이루어 졌다는 것을 알면 오행의 깊이가 어떤지 알 수 있다.

그러니 여러 가지의 건강서를 보는 독자 제위께 권하고 싶은 이야기는 분명 자기 체질을 객관성 있게 파악한 후 건강에 관한 지식을 논하면 더욱 도움이 될 것이다.

특별히 수맥과 풍수의 저자 임응승 신부께 배운 방법으로 필자는 전화로 대화를 한다거나 이름만 대면 오장 육부의 장기 중에 어느 부위가 나쁜지를 판단을 한다.

옆에 서서 있으면 몸의 부위를 기감으로 측정하는데 대부분 통증 있는 곳을 찾아낸다. 필자와 같은 방식은 이미

전문가들이 많이 있는 편이다.

따라서 건강에 관한 이야기를 무조건 내 것이 좋다는 것은 어불성설(語不成說)이다. 이런 이유로 필자가 늘어놓는 건강에 관한 이야기들은 몸이 약하여 여러 곳을 쏘다니며 한 체험을 바탕으로 발췌한 것이니 참고하기 바란다.

2. 일상 생활에서 이용하는 건강식

1) 가지
혈관의 질병을 막아 준다. 간질 예방에 탁월한 효능이 있다고 알려져 있다.

2) 콩
콜레스테롤 수치의 하향 유도와 항암 효과가 있으며 변비·치질에 좋으며 특히 신장이 약한 사람에게는 검정 콩이 특효이다.

3) 커피
천식에 효과가 있으며 뇌의 운동을 촉진하기 때문에 노인들이 하루에 한잔씩은 건강에 도움이 된다. 또한 이뇨 작용으로 소변을 촉진하기도 한다.

4) 한 잔의 술
소주든 와인이든 한 잔의 술은 신진대사를 촉진하는 효

과가 있다. 가급적 자연산 포도주가 있다면 더욱 좋다.

5) 포도

포도당의 보고이며 피로를 쉽게 풀어 준다. 과일은 제철에 나는 싸고 흔한 것이 보약이다. 소화 불량, 발열, 간장, 신장, 폐 등의 신진대사 활성화에 매우 좋은 과일이다.

6) 다시마 류

해초나 미역 등의 푸른 식품들은 피를 맑게 하며 관절염의 개선에 큰 효과가 있다. 미끈미끈한 성분에 '콘드로이친'이라는 성분이 함유되어 노화를 예방한다. 아무리 많이 먹어도 살이 찌지 않으며 소화 장애가 없다.

7) 닭의 날개

닭의 날개와 다리 부분 또는 달팽이나 상어 지느러미에는 공통적으로 콘드로이친 성분이 함유되어 있는데 노화를 방지하며 정력에 대단한 효과가 있다. 자양강장제로는 으뜸이다.

8) 호박

누런 애호박은 폐암에 효과가 있다고 한다.

9) 요구르트

유산균의 보고이므로 위나 소·대장의 기능을 살린다.

10) 양파

설사제, 이뇨제, 혈압 강하제, 강심제 등등에 널리 사용
되며 특히 육류나 기름을 많이 소비하는 중국인들의 음
식에 상당 부분 포함돼 있다.

11) 마늘

체내의 멸균을 도와주며 강장 효과가 크다. 단 가열하
지 않고 먹는 것이 효과가 크다. 김치에 다쳐서 넣어
먹는 우리 선인들의 지혜는 놀랍기만 하다.

13) 감자

인류 최초의 음식이기도 하다. 인슐린과 혈당치가 상승
하므로 당뇨 환자는 금물이다.

14) 녹차

피로 예방에 매우 좋으나 저혈압 환자는 피해야 한다.

15) 선인장 열매

기침에 특효이다. 잘게 썰어 사이다에 우려 하루에 반
컵씩 2회 복용한다.

16) 호깨나무

물에 달여 먹으면 간을 살리고 피로를 풀어 준다.

17) 홍화씨

물에 달여 먹거나 갈아서 꿀에 타서 먹는다. 뼈의 생성

에 도움을 주며 피로를 풀어 준다.

※ 필자는 매일 녹차 2개, 호깨나무, 홍화씨를 같이 끓여서 먹는다. 피로가 가시고 간의 상태가 매우 좋아짐을 느낄 수 있다.

18) 숯가루

몸의 불순물을 배출시킨다. 하루에 아침, 저녁으로 한 번씩 먹는다. 반드시 식용 숯이어야 한다.

19) 쑥

생명력이 강한 쑥은 환으로 된 것이 시중에 많이 유통이 되는데 답답한 속을 풀어주는 데 아주 좋다.

20) 둥굴레 차

노화 방지, 원기 부족에 대단히 좋다.

21) 민들레

만성 위장병, 위궤양, 변비, 간염, 기관지염 등에 좋다. 하얀 민들레가 있고 노란 민들레가 있는데 자생력은 노란 민들레가 강하다. 생잎을 뜯어먹거나 뿌리를 뜨거운 물에 잠시 담갔다가 껍질을 벗겨 데친 후 달여 먹으면 위장 질환에 매우 좋다. 시장에 가면 통째로 말려서 팔기 때문에 함께 끓여서 사용한다. 늑막염 환자에게 특효이다.

22) 유근피와 백출

만성 위장병으로 고생하는 분은 인삼〔개인에 따라 선택〕을 추가하여 달여서 차 마시듯이 음용하면 좋다. 모든 병의 근원은 소화기에서 오는데 주로 위장에서 가장 많은 원인을 기인한다. 이유 없이 머리나 귀가 가렵고 눈이 침침해진다 싶으면 위장에 문제가 있는 것이다. 특이 중완〔복부의 가슴 가운데 주변〕에 가로금〔한 줄이나 두 줄〕이 가 있으면 위장 질환은 중증이다.

23) 소나무

정신을 맑게 하고 장수한다 하여 예로부터 신선이나 도사들의 식품으로 많이 사용되어 왔다. 주의할 점은 반드시 국산 소나무여야 한다.

3. 공짜로 하는 초스피드 체중 감량법

백발이 성성한 노인은 나이가 상당히 들어 보였으나 눈은 총기가 있었으며 상당히 마른 체구에 목청이 카랑카랑하였다.

"지구상에 존재하는 모든 미물은 자기의 생명력을 가지고 우주의 법칙에 따라 살아가고 있습니다."

"따라서 만물의 영장인 우리 인간들은 아름답고 지적인 삶을 살 권리가 있는 것입니다. 그런데 인간은 그만 살고 죽겠다는 것인지 쫓고 쫓기는 급한 방식으로 살고 있습니다."

"자아를 성찰하지 않으면 인간은 절대로 아름답게 살 수가 없는 것입니다."

"지금같이 산다고 한다면 동물이나 무엇이 다른 삶이겠습니까?"

강연장에는 여러 사람이 듣고 있었고 주위에서 들리는 잡음에도 전혀 방해받지 않고 있었다.

"인간의 몸은 소우주인 것입니다."

"누구나 태어날 때는 천기를 받아서 자기 뜻대로 사는 것이지만 기본적으로는 하늘에서 정해 준 방식대로 살게 되어 있습니다. 따라서 장수의 비결은 아주 간단합니다. 그 중에 제일이 소식(小食)인 것입니다."

그 노인의 이론은 이랬다.

첫째는 소식으로, 자기 식사량의 70%에서 80%의 식사를 하는 것이며[식사 시 오래 씹으면 식사량이 반드시 줄어듦],

둘째는 유기농 음식을 골고루 먹는 것이다[마른 음식을 주로 먹다 보면 두어 가지로 충분함 - 콩자반, 튀각, 김, 생선토막, 마른 장아찌 등 - 필자는 이 이상 다른 것을 먹지 않음].

그 이론은 맛있는 음식을 보더라도 과식은 절대 금물이며 또한 식사 방법은 일일 3식이나 2식으로 또는 1식으로서 식사 때에 국물과 밥을 따로따로 먹는 것이다. 더욱 상세히 이야기를 하자면,

첫째, 아침+점심+저녁 - 매끼 식사 중에 밥과 마른반찬만을 먹고 국이나 물은 조금 있다가 별도로 먹는다.

둘째, 점심+저녁 - 매끼 식사 중에 밥과 마른반찬만을 먹고 국이나 물은 조금 있다가 별도로 먹는다.

셋째, 저녁 한끼를 먹기로 자신과 약속을 한다.

이 방법 중에 둘째 방법은 필자가 쓰고 있으며 85킬로그램의 체중을 75킬로그램으로 10킬로그램이나 줄이고

더욱 맑은 정신으로 일을 한다.

　여기에서 알아야 할 공통 사항은 아침에 일어나서 식사 전까지는 절대 물을 먹지 말 것이며, 식사 때에는 반드시 국물을 피해 마른반찬과 밥을 먹으며 때로는 잡곡밥이 훨씬 좋다는 것을 기억해야 한다. 식사 후 2시간 경과하여 국이나 물을 먹는다. 또한 점심이 되기 2시간 전부터는 일체의 물과 음료를 삼가며 점심이 되어도 식사는 마른반찬과 밥으로만 해야 한다. 또 2시간이 지난 후에 물을 먹도록 하며 저녁 시간 2시간 전에 물을 먹지 않으며 저녁 식사 역시 똑같이 실시한다. 〈「음양감식보감」이상문 저, 「단식 건강법」 김동극 저〉

　이렇게 하면 한달 내에 10킬로그램 정도의 체중이 줄고 피부가 더욱 윤기가 난다. 그것은 세포의 조직이 살아나기 때문이다

4. 물과 밥 따로 먹는 원리

식사를 할 때 물과 밥을 따로 먹는 것의 원리는 이러하다. 우주에는 태양을 중심으로 아홉 개의 행성이 각각 고유의 균일한 속도를 가지고 태양을 돌고 있다. 그 중에 맨 마지막 별인 명왕성을 빼버렸다. 그것은 저승별이기 때문에 10개에서 아홉 개의 행성으로 줄인 것이다.

그 중 목성은 공전하는 기간이 약 12년이 걸린다. 정확히 11.862년[4332일]이다. 그래서 12支로 구분하며 음양이 교차하고 오행이 생기는데 그 오행 만물을 생(生), 성(成), 소(消), 멸(滅) - 통틀어, 생(生)로(老)병(病)사(死) - 한다.

음양(陰陽)의 이치에 따라 인간의 몸은 남자는 양(陽)이요 여자는 음(陰)이고, 고체는 양이요 액체는 음이며, 오전은 양이며 오후는 음이다. 이런 것들을 일상 생활에 대비하여 보면 유리병에 나무를 넣어 두면 스스로 살지 못한다. 쥐를 비롯해 동물들만 따로 모아 놓아도 살지 못한다. 그런데 똑같은 조건에 두 개의 동식물을 같은 장소에 두면 살아난다. 이것이 음양의 기본적인 조건이다.

가) 밀폐된 공간 속에 녹색 식물만 두면 죽어 버린다.

나) 같은 공간에 쥐만 두어도 죽어 버린다.

다) 동물과 식물이 함께 있으면 둘 다 산다.

실험으로 알 수 있는 음양의 조화

따라서 오전에 일어나서 물을 마시면 화(火) 기운에 물(水)을 부어 대므로 극(剋)현상이 나서 몸에 해롭다는 것이다. 그러므로 오전이든 오후든 식사를 하기 전까지 화(火)의 기운, 즉 딱딱하거나 된 음식을 먹게 되면 본능적으로 위액이나 침샘에서 강한 타액이 발생을 하여 소화력이 증가되므로 과식(過食)을 하지 않게 된다.

그러므로 위의 방법으로 건강해지고 질병에서 탈피할 수 있으며 원하는 체중감량은 물론 몸이 무척 부드러워지는 이상적인 방법이다. 그래서 그런지 탕 문화가 발전한 한국은 세계에서 위장병이 제일 많은 나라로 알려지고 있다.

술 주(酒)를 보면 삼 수(氵)변에 닭 유(酉)자가 합쳐져 있다. 이 뜻은 술은 물가에서 마시면서 닭이나 병아리가 고개를 쳐들고 마시듯이 마시고 물은 음의 기운이니 저녁에 마시고 여자 또한 음에 해당되니 술과 여자는 저녁에 취하라는 뜻이 된다.

5. 과음과 잔병치레는 빈속으로

누구나 과음을 한 다음날 아침 눈을 뜨기도 전에 시원한 꿀물이나 냉수를 찾는다. 진탕 먹고 마신 다음날 제일 먼저 찾는 것은 물이다. 몸에서 갈증이 나기 때문에 물이 들어가면 시원하기야 하겠지만 당시의 몸 상태는 화(火)의 상황이므로 오후까지[양의 기운이 지나 음의 기운으로 오기까지] 아무 것도 먹지 않고 견디는 것이다. 상식적으로는 안 될 것 같지만 참고 견디며 즐거움을 느끼면 뭔가 모르게 힘이 솟는 느낌을 확연히 알 수 있다.

그런 다음 물기 없는 식사[주로 마른반찬]를 꼭꼭 씹어서 한 다음 두어 시간 후에 물을 마신다. 놀랄 만큼 컨디션이 좋아진다. 또한 요즘의 감기 환자에게는 웬만한 약은 잘 듣지 않는다. 이럴 때에는 식사를 하루 정도 하지 않고 물 한 모금도 안 마시면 바이러스는 도망을 간다. 심한 경우 이틀 삼일까지도 굶는 것이 좋다. 더 힘들 것 같고 상식적으로 이해가 안 되겠지만 전혀 걱정을 하지 않아도 된다. 음식을 천천히 씹어 먹으며 물을 입에 안 대니까 별난 경우라 생각하겠지만 그것만이 소식으로 우리 몸의 세포를 살리는 것이다.

6. 변형된 음식물

유전자가 조작되어 DNA가 변형된 음식을 먹으면서 인간의 심성이 변하고 있다. 그리고 각종 공해에 찌들은 환경이 시시각각으로 인간을 오염시키고 있다. 우주의 비밀인 건강 기공법을 살펴보겠다.

앞으로 도래할 시대는 지력세계(智力世界)로 진행된다. 기름에 튀긴 땅콩에 기(氣)를 불어넣으면 싹이 돋으며 잘 피어난다. 물리적인 힘과 정신적인 힘이 모두 기에서 비롯되는 원리인 것이다. 사람은 인(人)자를 쓰는데 그것은 두 가지를 나타낸다. 그 하나는 유형의 육체(肉體)이며 또 다른 하나는 무형의 영체(靈體)인 것이다. 육체상으로는 강건해야 70세에서 80세를 사는데 오른쪽 뇌인 영체를 개발하면 인간의 수명은 약 125세를 평균으로 살 수 있는 것이다.

원래 인간이 사는 지구별에는 땅과 물의 조화로 음식물을 땀흘려 농사를 지어먹도록 해놓았는데 영악한 인간들이 대량의 식량을 만들기 시작하며 산업발달이다 뭐다 하여 도시화를 추구하는 바람에 농사와 전혀 관계 없이 살아가도 먹는 것들이 넘쳐나는 세상이 되어 버렸고, 수많은 사람들이 땀을 흘리지 않고서 심적인 충족을 얻으려다 보니 사악한 사회가 되어 가고 물질 만능의 시대로 치닫다 보니 정치와 경제 우선 주의가 되어 버렸다. 따라서 많은 인구가 충분히 먹고 마실 음식물을 인위적으로 만들다 보니 유전자 조작을 통해 슈퍼 곡물을 만들어야 하는 처지에 놓이게 되었다.

그런 것을 인간들은 훌륭한 업적이라고 스스로 자위하며 살아간다. 결국 지구별의 종래 본연의 모습은 사라지고 인위적으로 재창조되어 가는 잘못된 별이 되어 가고 있는 것이다.

그렇다면 수많은 인류에게 식량을 어떻게 공급하느냐는 반문이 나올 것이다. 그 비밀 또한 이렇다. 태초에 하나님이 아담과 하와를 통해 인간의 씨를 뿌릴 때 동물적 본성 외에 지성이라는 인격적인 심령(心靈)을 지니게 하여 주었다. 그 믿음을 통하여 자손을 번창하라고 일러두었는데 현대의 인간들은 목적이 무의미한 삶을 추구하느라 그만 그 룰에서 벗어나고 만 것이다.

잉태를 하는 시기도 정하여 주었고 금하는 시기도 정해 주었다. 즉, 날받이를 하여 혼인을 시켜야 하며 조상이나 신을 모시는 시기와 하늘의 진노를 전하는 벼락·천둥이치는 시간도 피해야 한다. 반드시 배란일을 통해 자손을 가져야 하는데 그런 불문율을 어기고 경제적인 스케줄에 초점을 두어 일정을 맞추는 일 등이 인구의 구성비를 망가뜨리게 되었다. 즉 순응을 하지 않고 역행을 하며 살아가는 인간 중심의 사회 구조로 점점 기계화되어 가고 있는 것이다.

　중국, 일본, 한국의 지금 세대 어른들은 1900년 전후 배고픔을 견디기 위해 먹는 것을 아끼고 절약하느라고 고생을 많이 하였다. 그러면서 세월이 지나 과학이 발달하고 서양 문화가 접목되면서 자식들 위주로 생활이 변하였다. 즉 당신은 젊은 날 전쟁과 기아로 배고파 못 먹고 고생하며 지난날의 고통을 자식에게만큼은 주지 않기 위해서 최고 좋은 것과 과욕을 시키기 시작하여 시간이 지나다 보니 몸과 정신을 망쳐 가고 있는 것이다.

　애벌레가 되기 전 쌓여 있는 막에서 아주 고통스럽게 몸부림치는 것을 이겨내야 비로소 애벌레의 역할을 하는 것인데 인위적으로 찢어 주면 애벌레의 형태는 보겠지만 자생 능력이 떨어져 죽고 마는 것이다.

　따라서 인간에게는 정(精)·기(氣)·신(神)을 깨끗이 하여 항상 가벼운 마음으로 살 수 있도록 해야 할 것이다. 그러기 위한 외부적인 표현 중의 하나가 삼푼의 웃음인 것이다. 얼굴을 보면 모든 주파수의 화면은 미간(眉

間)에서 교류를 한다. 그러므로 미간을 찌푸리지 마라. 그러면 전음(前陰, 성기)과 후음(後陰, 항문)의 중간에 회음(會陰)혈이 열리면서 동시에 머리 위에 백회(百會)가 열린다. 따라서 우주의 지기를 받으며 자신이 소주천 대주천을 받으며 자연의 신성한 기운을 받게 된다. 이러한 일들은 상모〔얼굴의 모습〕가 좋아야 한다. 그런데 대중들이 모인 어느 곳을 가서 보아도 삼푼의 웃음을 달고 사는 경우가 별로 없어 걱정이다.

생태계 파괴, 내심 파괴, 조상 묘 파괴, 인륜과 천륜을 어기고 하는 일들은 개개인이 내심 세계를 정화하지 않으면 절대 평화가 찾아오지 않는다.

7. 기공으로 건강 찾기

우주 본부에서는 인간에게 여러 가지의 주파수를 보내면서 무병 장수할 수 있는 기운을 지구로 끊임없이 보내고 있다. 아니 보낸다기보다는 우주의 운행을 맞추어 살기만 하면 무병 장수하게 되어 있다. 그 비밀을 채널러〔무당 또는 점성술을 하는 사람〕나 기(氣)를 연마하는 이들에게 은은히 알려 주고 있다.

그것들을 하나하나 열거해 보자.

준비 운동을 하는데 가만히 앉아서 자기 몸에 사기(邪氣)나 탁기를 내보내는 운동이다.

발바닥에 보면 용천(龍泉)이라는 혈이 있다〔발바닥에서 보면 뒤꿈치에서 발가락 쪽으로 3분의 2지점이며 인(人)자 형태의 모양으로 살며시 들어간 부분〕. 그곳을 상상하면서 스스로 이렇게 말을 한다.

"지금 내가 가지고 있는 나쁜 마음이나 생각나는 못된 느낌은 용천으로 나가길 원한다."

그리고 순간적 생각나는 기분 나쁜 일들이나 반성해야 할 일 또는 잊어버려야 할 일들은 모두 용천으로 나가길 바라며 잠시 명상을 하면 이내 마음의 안정을 찾는다.

하얀 사기 그릇에 물을 떠놓고 1미터 이내로 쳐다보고 있으면(5~10분) 몸 위에 상충되어 있는 기가 밑으로 내려간다. 마음이 차분해짐을 금방 느낄 수 있으며 잠시 백옥 같은 느낌의 천사가 되거나 청결한 마음이 유지된다. 물(水)은 음의 기운 중에서도 냉정함과 차분함을 주는 오행상으로 수(水)에 해당하기 때문이다.

이때 내 마음은 물처럼 깨끗하다라고 계속 생각을 한다.

내 마음이 복잡하고 갈등이 날 때 복잡하게 추리하지 말고 예전에 가 보았던 바닷가를 생각한다. 넓으나 넓은 바람기 없는 바닷가를 생각하면서 내 마음은 넓고 넓다는 것을 정신상으로 5~10분 상상하면 내 마음은 가라앉는다. 바다 역시 음양오행상으로 물에 해당한다. 또한 염분이 우리 몸에 있는 피의 기운과 같아 차분히 생각을 하면 상당히 빨리 차분해진다.

노여움을 사거나 사랑하는 이가 있다면 그의 얼굴을 그리면서 웃어 준다. 그리고 '내 마음은 온 세상보다 더 크

다'라고 상상을 한다. 그러면 마음이 더욱 가벼워지며 상
대에게 텔레파시가 전해져 미동을 하면서 심정의 변화를
일으킨다.

　이와 같이 상상하거나 생각하는 일들은 그 속도가 초광
속이므로 상상과 생각을 명확히 하면 할수록 효과가 있
다.

　저녁 무렵 잠을 청하면서 낮에 있었던 좋지 않은 일이
생각날 때는, 다 잊어버리고 일생에서 가장 기쁘고 행복
한 시간을 5~10분 생각하며 잠을 청한다. 그러면 꿈을
꾸지 않고 가벼운 마음으로 잘 수 있다.

　기분이 좋을 때에는 우측 뇌에서 마배태〔嗎啡呔, 일종의
엔돌핀〕가 분비되어 오장 육부가 건강해진다. 반대로 기분
이 나쁠 때에 독소에 가까운 호르몬이 발생하여 건강을
해친다. 따라서 내 감정은 항상 충격받지 않아야 한다.
그래도 꿈이 많거나 수면 중에 두통이 생긴다면 머리를
동남쪽으로 향하여 잠을 자고 수맥의 위치를 파악하여 피
해 주면 된다.

　내 몸에 탁기가 많아 몸이 개운하지 않고 항시 찌뿌둥
할 때는 우주에서 천우(天雨)가 내려 천우목욕(天雨沐浴)
을 하게 되는데 방식은 이렇다. 하늘에서 부드러운 비가
살살 내린다라고 상상을 하고 나무 잎사귀가 살살 움직이

며 춤을 추는 방식으로 내 몸을 9번 씻어 준 뒤 다 씻기었다고 생각할 때 다시 자기 일을 한다. 탁기, 오물, 잡생각 등 나쁜 기운을 용천 혈을 통해서 바닥에 버린다. 신선이 된 느낌으로 차분히 하는데 5~10분 정도가 알맞다.

피곤하고 기운이 없을 때는 우주의 기운을 받아 얼음 녹이듯 내 몸을 녹인다. 속을 깨끗한 마음으로 구석구석까지 용천으로 씻어 버린다. 역시 상상을 하되 생각도 초광속이므로 어느 정도 숙달이 되면 시간에 구애 없이 할 수 있다.

이렇게 상상력을 동원하여 영이 맑아지면 타심통(他心通)이라 하여 상대의 의도를 금방 알아 버린다.

기를 통한 음식이 우리 몸에 미치는 영향

우리 나라는 국제적으로 태극을 보유하기 때문에 세계화에 대해서 가장 앞서 가는 나라가 된다고 믿는다. 물론 변화에 의한 대가를 치르겠지만 시간이 말을 해줄 것이다. 음양오행이 각 분야에서 연구가 되어 기의 세계가 평화롭고 비전 있는 학문으로 발전되리라 믿어 의심치 않는다. 황금은 가격이 있어도 기는 돈으로 따질 수 없다.

기의 운동이 가장 확실한 시기는 24절기, 생일, 제삿날이며 인간이 건강을 스스로 지키지 못하는 것 중에 가장 무서운 것이 식마[식사의 문제]에 자신중독(自身中毒)이 되는 것이다. 따라서 밥을 70~80%만 먹어야 하며 스스로 식마를 이겨야 한다. 자고로 살찐 도사가 있다면 그것은 저팔계일 뿐이다.

8. 쳐다보는 색으로 건강 찾기

눈에 보이는 컬러도 우리 몸에 건강을 도모하는데, 오색의 음식은 오장에 도움이 된다. 그런데 중요한 점은 그냥 음식을 섭취하는 것보다는 각 컬러별로 눈으로 보고 먹게 되는 순간 이 음식은 내 몸의 장기를 편안하게 해주며 건강에 상당히 도움이 될 것이다라는 생각을 스스로 하며 음식을 섭취한다.

까만 색의 음식물, 즉 콩과 고기 등은 신과 방광을 편하게 해주며 오행상으로는 수(水)에 해당한다. 숫자로는 1과 6에 해당하며 뼈를 주관한다.

빨간색의 당근·고추 등은 심장과 소장을 건강하게 해주며 화(火)에 해당하고 숫자로는 2와 7에 해당된다. 심장 때문인지 피를 주관한다.

녹색의 음식물, 즉 상치·배추·오이 등은 간과 담을 편안하게 하며 목(木)에 해당하고 3과 8의 숫자이며 눈을 주관한다. 눈에 쉽게 피로가 오면 일단 의심을 해보는 것도 중요한 포인트이다.

하얀색의 음식물, 즉 무·인삼·쌀 등은 폐와 대장을 주관한다. 오행으로는 금(金)에 속하며 숫자는 4와 9이다.

노란색의 음식은 좁쌀과 옥수수 등이며 비장과 위장에 해당하고 5와 10에 해당한다. 오행상으로는 토(土)에 속한다.

이러한 음식을 섭취할 때 빨간색 음식의 경우 "빨간색의 음식은 심장에 좋다"라고 하면서 먹으면 훨씬 더 도움이 된다.

식사 후 500~1300 발작을 걸어 주면 섭취한 음식의 소화는 물론 건강에 도움이 된다.

※ 참고 : 1999년에는 밤색 계통의 컬러가 유행을 한다. 지금의 기운에 이로운 색이기 때문이다.

9. 호랑이에게 물려가도 정신을 차리면 산다

"화살이 바위를 뚫고 화살촉까지 들어가다"

전심전력으로 정신을 집중하면 놀라운 힘을 발휘할 수 있다는 뜻이다.

한나라 때의 이광(李廣)은 훌륭한 장수로서 흉노와의 전투에서 맹활약을 했다. 그는 싸울 때마다 이겨서 '늘 이기는 장군(常勝將軍)'이라 불렸으며, 흉노도 그를 두려워하여 '비장군'이라 부르며 함부로 침범하지 못했다. 그는 또 키기 크고 팔이 길어서 활을 매우 잘 쏘았다고 한다.

어느 날 그는 들판에서 웅크리고 있는 호랑이를 발견하고서 온 힘을 다해 명중시켰다. 그런데 가까이 다가가 보니 그것은 호랑이가 아니라 바위덩어리였는데 화살촉이 바위 속까지 깊이 박혀 있었다. 그는 원래의 자리로 돌아가 다시 화살을 쏘았다. 하지만 이번에는 화살이 꽂히지 않고 튀어 올랐다.

마음의 자세 여하에 따라서 바위도 뚫을 수 있는 것이

다.

　"정신을 집중하면 무슨 일인들 이루지 못하랴"
〈精神一到何事不成〉

「사기(史記) 이장군(李將軍) 전」에서

　정신적인 기는 우리 나라에서는 주로 종교에서 많이 성
행을 한다. 병원에서 안 되는 환자를 기도원에서 정신적
으로[신앙의 힘으로] 고치는 예가 있다. 가수들이 노래를
부르면서 형상화하려고 염원을 하면 이루어지는 경우인데
그래서 그런지 사랑도 잘하고 젊어서 죽기도 잘한다.

　중국의 시골에서 어느 23세 된 청년이 산기(疝氣)가
걸렸다고 진단이 나왔다. 시골에서 농사를 짓기만 한 청
년은 배운 게 없어서 산기의 산(疝)자가 암(癌)인 줄만
알고 암암하다가 죽어 버린다. 산기(疝氣)라는 병은 신장
에서 고환으로 고통이 왔다갔다 하는 병이며 경미한 병인
데 산기를 암으로 착각한 것이다.

　우리는 상식적인 개념으로 병이 나으려면 의사에게 진
단을 받고 약을 써야 한다는 생각을 가지고 있다. 그리고
그것이 습관화되어 행동이 아예 몸에 익혀 버렸다. 어린
아이들이 태어나서 한 단어를 외우는 데는 2만 번의 반복
청취를 해야 머리에 각인이 되어 행동으로 나온다고 한
다. 마인드컨트롤의 창시자인 호세실바의 이야기 중 레몬

이라는 단어를 떠올리면 침샘에 침이 돋는다. 후천적으로 레몬을 보고 듣고 맛을 본 후에 경험에 의한 신체상의 변화를 발췌한 것이다.

그러므로 질병에 의한 고통에서 벗어나려면 육체적인 단련도 중요하지만 정신적인 요소에 치중해야 할 것이다. 성경에서도 가장 많이 다룬 부분이 병 고침이며 그 자체를 이적과 기적으로 표시하고 있다. 예수께서 문둥병과 앉은뱅이 또는 기타의 질병을 고친 것은 말씀의 정신적인 변화였지 물리적인 치료가 아니었다. 그런데 오늘날의 기독교나 불교 등의 신도들의 행동은 어떠한가? 믿음을 가지고 있노라며 병원으로 가야 하는지 각자의 종교적인 처소로 가야 하는지 헷갈리고 있지 않은가?

따라서 정신적인 맑음을 유지하려면 무엇보다 어려서부터 실천하는 교육을 받고 자라야 한다고 생각을 한다. 오늘날 세계적인 지도자들을 보면 건강은 물론 정신적인 맑음을 유지하고 있는 것을 알 수 있다. 건강한 사회가 구성되는 것도 의식의 변화에 따른 구태(舊態)의 탈피가 아닐까 생각한다.

10. 요가의 기적

　개인적으로 건강에 관심이 심취하다 보니 건강에 좋다고 하는 곳은 두루 두루 안 가본 곳이 없다. 정말 열심히 찾아다닌 편이었다. 껍데기는 멀쩡한데 먹는 것부터 소화, 변, 그리고 밀려오는 피곤함과 무기력 등으로 항시 약을 달고 다니며 지내야 했으니 주위에서 나를 보는 이들도 질릴 정도였다. 그러니 몸은 망가져 있었고 이에 스스로 고쳐 보려고 헤매던 중에 이 글을 쓰면서 들른 출판사에서 요가 테이프를 판매하는 것을 보았다. 혹시나 하는 마음에서 하나 얻어서 따라해 보았더니 몸이 가벼워지기 시작하며 아침에 일어나면서 느껴지던 무력함이 없어지고 얼굴에 핏기가 돌며 [한의사인 형님이 아예 절에 가서 살아라 하는 정도의 핏기 없고 윤기 없는 얼굴이었다] 발걸음이 한결 가벼워져서 나 자신도 깜짝 놀랐다. 요즘에는 모든 일을 제쳐두고 하루 1시간을 투자를 한다.

　독자 여러분의 생활에도 도움이 될 수 있다면 더 바랄

나위 없겠다는 마음에서 내가 찾은 건강에 대해 적어 보
겠다.

(1) 단전을 움직여라

요가 비디오 테이프의 동영상을 3일째 따라 하니 손목,
발목이 가벼워지는 것을 느낄 수 있었다. 스님의 움직임
을 자세히 보니 요점은 단전을 움직이는 거였다.

단전은 누구나 배꼽에서 밑으로 약 5~10센티 지점인
데, 태아들은 태어나서 일정한 기간 동안 단전을 움직여
호흡하며 서서히 성장하면서 폐호흡으로 변화한다.

따라서 기 수련에 있어서는 단전의 호흡을 가장 기본으
로 하며 제일 중요하게 여기는 부위이기도 하다. 단전을
통해 엉덩이 양다리 허리 생식기 부위가 유기적으로 연결
이 되어 있는데 몸을 좌우로 꼬고 비틀어서 단전에 힘을
가하니 마른 숲에 불붙듯이 생기가 살아나는 것이 아닌
가! 왜 나라고 이것저것 안 해보았겠는가? 운동이면 운
동, 기 수련, 명상 등 참으로 여러 가지를 거치는 동안
이제야 나의 몸에 맞는 방법을 찾은 것이다.

(2) '만 오천 원'의 축복

아프면 몸이 괴롭고 짜증스러운 것은 물론이거니와 돈
이 턱없이 들어간다.

중환자실의 어떤 수간호사가 실제로 본 이야기를 듣고

나서 세상에 영원한 것은 정말 아무 것도 없다는 것을 절실히 느끼고 있다.

그 내용을 간략히 소개하면, 어떤 가정의 가장이 사업을 하는데 왕성한 활동력 덕분에 집과 회사가 나날이 발전하였다. 두 자녀도 유학을 보내는 등 여유로운 생활을 하며 지내는데 어느 날 갑자기 가장이 쓰러져 몸져누운 것이다. 그러자 중환자실에 입원을 하게 되었는데 수술을 한 번 해서는 낫지 않아 반복해서 해야만 했다. 그러다 보니 엄청난 돈이 들어가게 되었는데 처음에는 벌어놓은 현금을 쓰고, 다음에는 사업체를 정리하고, 집을 팔고, 유학 보낸 아이들을 귀국시키고, 결국은 빚을 내는 지경에 이르러 그 가장은 그만 운명을 하였다. 그 가정은 모든 것을 소진하고 말았다. 그야말로 모든 것을 다 잃은 것이었다.

그분의 병명은 뇌졸증이었으며 과중한 업무와 스트레스로 운동할 시간마저 없이 돈벌이에 급급하다 건강을 잃고 결국은 모두 잃고 말았다. 이럴 때에는 빨리 돌아가시는 것도 축복이라는 말을 해도 무리는 아닐 것이다.

이러한 병은 기(氣)가 막혀서 어느 날 갑자기 기의 유통(流通)이 멈추어, 즉 기운의 정체 현상으로 발병을 하는데 대부분 서서히 진행되다가 종국(終局)에 가서 원인을 알 수 없는 몹쓸 병을 얻는다.

따라서 온몸을 꼬며 스님의 움직임을 따라하다 보면 복

식 호흡으로 피부가 윤택해지며, 살결이 부드러워지고, 체위가 곧아지며, 쓸모 없는 살이 깨끗이 정리가 되고, 원기 왕성한 정기를 얻어 활동을 하는데 피곤치 않다. 수많은 약과 진찰을 통해 이곳 저곳을 전전한 나로서는 만오천 원의 기적을 누구에게나 권하는 전도사가 되었다. 책과 비디오를 만든 해인사 정경 스님은 지면을 통해 알 뿐 직접 만나질 못하였으며 영업에 관해서는 터럭만큼이라도 개입치 않고 순수하니 이견을 달지 말고 실행 바란다. 남녀 노소 가리지 말고 따라서 하면 분명히 당신에게도 기적이 일어난다.

〈구입은 전국 유명서점과 하남출판사(02-720-3211)〉

11. 천형의 질병

정신병과 백혈병 그리고 각종 암.

(1) 음양오행과 건강

사람에게는 오장 육부의 장기가 있는데 태어나면서 팔자가 정해지듯이 대부분이 장기의 실(實)과 허(虛)가 정해진다. 더 나가서 임신이 되는 시기에 태아에게 생기는 체질을 '입태 체질'이라고 하며 태어날 때의 체질을 '출생 체질'이라 한다. 이러한 건강을 가지고 일생을 살아가는데 이후의 변화는 환경에 의한 것으로 판단을 하여야 하며 오장 육부의 체질도 구분을 하면 천간(天干)과 지지(地支) 변화로 판단을 한다.

음양오행의 변화에 의해서 천간의 음양의 대비로 구분을 하여 보면,

"목(木)"에 소속된 갑(甲)에는 양(陽)장기로는 담(擔)이

요, 기능은 담즙을 저장·분비하므로 간을 보호하며 소화를 촉진시킨다. 담이 나쁘면 장기를 제거하기도 한다. 옛말로 쓸개라고 하며 몸의 중심을 잡는 데 가장 필요한 장기이다. 색은 청색이다. 쓸개가 튼튼하면 왕성한 소화력과 힘을 소유하게 되는데 대단한 정력가이다. 그래서 곰과 닭, 각종 물고기의 쓸개가 귀히 여기는 이유는 여기에 있다.

간의 병을 주관하며 소화기병과 진통 진정의 병이 오며 관절통과 두통을 기인한다. 엉덩이의 대퇴부가 아픈 경우는 담을 의심해 본다.

을(乙)에는 음(陰)장기로는 간(肝)이다. 간은 500여 가지의 복잡한 일을 하면서 피를 저장하며 병에 대한 저장 기능을 가지고 있다. 간이 나빠지면 외견상으로 눈이 침침해지며 피로가 쉽게 오고 무력해진다. 스트레스, 과음, 불규칙한 생활에 원인이 있으며 반드시 위장 문제를 동반한다. 담의 병과 신경이 예민해지며 모든 알콜과 약물중독 그리고 간질, 정신병 등이 기인을 하며 근육을 주관한다.

"화(火)"에 소속된 병(丙)에는 양(陽)장기로는 소장(小腸)이요, 기능은 소화물을 영양분과 찌꺼기로 분리한다. 하복부에 병과 심장의 병이 오며 자궁과 하지, 그리고 척추에 병이 온다.

정(丁)에는 음(陰)장기로는 심(心)이다. 기능에는 조혈 작용을 하며 오장 육부의 활동을 지배하며 장기 중에 가장 움직임이 큰 역할을 하며 인체의 혈관에 피를 공급한다. 심장의 박동과 맥박과의 수를 판단하여 혈압을 논하며 생명의 원천이 움직이는 가장 중요한 장기로 본다. 소장병이 오며 혈액 순환 장애, 정신병을 기인한다. 혈압, 류머티즘, 알레르기 질환이 해당된다.

"토(土)"에 소속된 무(戊)에는 양(陽)장기로는 위장(胃腸)이요, 음식물의 소화를 돕는다. 한국인들에게 가장 많이 오는 병이 위장병인데 그것은 국물류를 많이 먹게 되면 위액이 희석되어 소화 기능이 약해지기 때문이다. 또한 폭음, 폭식 그리고 과식은 위장 장애의 가장 적이 되는 원인이다. 비장이나 위장의 병이 지속되며 간이 나빠지는 원인이 되기도 하며 눈병, 콧병, 하지 및 상지 그리고 치과 질환 등 매우 광범위하다. 또한 모든 병의 근원은 위에서부터 시작이 된다고 해도 과언이 아니다.

기(己)에는 음(陰)장기로는 비장(脾臟)이다. 비장은 혈액을 조정하고 각 부분으로 영향을 공급하며 비장과 위장의 병이 오며 당뇨나 신경통의 원인이 되기도 한다. 여행시 멀미를 하는 사람이 해당한다. 탈수증, 더위병, 갈증병이 오기도 한다.

"금(金)"에 소속된 경(庚)에는 양(陽)장기로는 대장(大

腸)이다. 폐, 대장의 병이 오고 감기가 자주 오며 4, 5주간 판탈출증이 오며 소화 불량 및 간, 심장병, 중풍 등의 원인이 되기도 하다. 음식물 찌꺼기를 대변으로 배설을 한다. 요즘에 대장 청소에 관한 약과 식품들이 많이 유통이 되는데 대장 자체를 비운다고 해서 무력한 대장이 살아난다고 생각하면 착각이다. 특별히 토끼 똥이나 변비 등이 있는 경우와 장을 비워내도 무력하여 다시 배가 나오는 경우는 신장이 약하고 간이 약해져서 오는 합병증이다. 물론 위장이 양하여지는 경우를 동반한다.

신(辛)에는 음(陰)장기로는 폐(肺)이다. 폐 질환이나 대장 질환이 오며 코, 기관지, 피부, 호흡기 질환이 오고 기력이 없는 원기 부족의 상태가 지속된다. 마른기침을 계속하고 괴로운 경우 선인장 열매를 썰어 사이다에 재어 두고 매일 소주잔으로 한 잔씩 아침과 저녁, 공복에 먹으면 즉효이다

"수(水)"에 소속된 임(壬)에는 양(陽)장기로는 방광이다. 소변의 저장과 배설을 조절하며 특히 약하게 되면 젊어서 성병에 자주 걸린다. 고환이 당기는 통증이 수반이 될 경우는 신장과의 균형을 잡아 주면 좋다. 정력의 유무가 결정되기도 하며 결혼 후 이혼이 될 수 있는 심오한 부분이기도 하다.

신장, 신경통, 신경계의 병이 심하게 된다. 뒷목줄기가

당기고 등줄기 위의 목과 뒷다리가 당기는 경우와 그리고 좌골신경통을 기인한다.

계(癸)에는 음(陰)장기로는 신장(腎臟)이다. 피를 걸러 주며 뼈를 주관하기 때문에 신장에 이상이 생기면 요통과 옆구리에 통증이 유발하며 흰머리가 나는 원인이기도 하다. 밤새워 노는 일을 삼가고 검은색의 의상과 검은색의 식품을 자주 먹으면 좋다. 원기 부족, 정력 감퇴, 고혈압, 신장의 모든 병, 귓병, 눈병, 치통, 뼈의 통증이 기인한다.

또한 심포(心包)와 삼초(三焦)가 장부를 더하고 있으며 심포는 심장을 보호하는 기능이며 삼초는 상초, 중초, 하초로 나누어 호흡 작용과 소화 흡수, 배설 작용으로 구분한다.

이러한 음양오행의 원리가 우주를 지배하며 지구를 지배하고 인간의 몸을 구성하며 또 우주의 운행에 맞추어서 세포의 구성이 이루어지는 것이다.

그런데 어디가 아플 때, 이러한 장기들 중 어느 한 부위에만 문제 있는 것으로 생각하여 약을 쓰거나 치료를 하는 것은 잘못된 행위이다. 단순히 어느 부위가 아프다고 그 부위를 집중 치료를 하게 되면 주변 장기에 영향이 미치기 때문이다. 엄밀히 구분을 하면, 실과 허로 나뉘어서 음양의 조화가 균형을 이루고 상생 상극의 작용이 용이하도록 해주어야 건강을 유지하는 것이다.

　이러한 사실로 어느 한의원에서는 생년월일시만 가지고 약을 지어도 효험이 있다 해서 영업이 잘되는 경우가 있다.

(2) 천형의 병은 이렇게 고쳐라

　옛말에 갑부는 하늘이 내린다는 말이 있다. 마찬가지로 죽고 사는 것은 하늘이 결정한다고 한다. 따라서 태어나 간단히 다치고 까지고 엎어지는 것 등 일상의 일들을 거쳐서 늙어 죽음에 이르기 전에 오는 천형의 병[정신병과 백혈병, 각종 암 그리고 각종 재해로 인한 사고]이 우리가족과 주변에서 일어나는 것을 이렇게 표현을 하면 어떨까?

　나무의 꽃잎과 줄기가 어느 한쪽이 시들거나 죽으면 외부의 영향도 있지만 대부분 뿌리에 영향이 있다. 여러 가지의 꽃들을 보면 시들거나 죽는 것은 뿌리에서 충분한 영양 공급을 못하여 주기 때문이다.

　씨앗에서 발아를 하여 줄기가 생기고 꽃이 피고 열매가 맺는 것을 비교하여 보면 만물의 근원이 있기 마련이다.

　그러므로 잔잔한 병말고 천형의 병에 걸리는 것은 환자의 뿌리, 즉 조상의 시신에서 비롯되는데 그 이유로는 나무가 시들기 전 꽃잎을 떨어뜨리듯이 꿈으로 주변 가족과 본인에게 여러 가지 표현으로 나타내는 것이다. 그리고 딱히 나쁜 자리가 아니면 전후 좌우로 50센티에서 1미터

정도만 옮겨 주면 된다. 수많은 금전적인 손실을 입고 생
명까지 잃는다면 그에게 과학이 무슨 의미가 있으며 의술
이 무슨 의미가 있겠는가.

　음양오행의 원리로 기의 움직임을 관찰하면 누구든 절
대 절명의 병은 오지 않는다고 생각을 한다. 설사 병이
와도 침착하게 대처를 하면 된다. 분명히 근원이 있다는
점을 기억하라. 또한 나의 궤변이라 함은 이러한 사항의
모든 내용은 미신이 아니며 자연에 순응하는 정확한 산술
법에 의한 방식인데 노스님들이 흔히 사용하는 타심통과
같은 기초적 방법에 불과하다.

(3) 건강 보조식품

　몇 년 전, 광고에 정말 돈을 뿌리다시피 하는 유명 건
강 보조식품 회사에서 서울 책임자로 일을 한 적이 있었
다. 판매 전략의 하나로 사내에 한의원을 차려 놓고 환자
를 무료로 진료하는 척하면서 제품을 판매하는 방법을 적
용하였었는데 결과는 한의원만 돈을 벌고 우리 회사는 별
재미를 못 보았다. 왜일까?

　곰곰이 생각을 해본 끝에 이런 결론을 짓고 철수를 하
였다. 환자가 바보가 아닌 이상 기만당하지 않고 편안하
게 치료를, 그것도 당신들이 말하는 무료로 받고자 한다.
그런데 한의원에서는 환자에게는 무료라고 하지만 협회에
의료 보험료를 청구하여서 의료비는 자동으로 수입이 되

었다. 의료 보험비가 총액의 70%이므로 공연히 국가 세금을 축내는 꼴이 되어 버린 것이다. 만일 이렇게 간접비를 많이 들여 유통이 된다면 그 비용에 소비자의 몫이 얼마나 클 것이며 이렇게 마케팅을 생각한다면 제품의 질은 어떨까?

내가 아는 짧은 지식으로는 건강 식품에 관하여 솔직히 표현한다면 미국에 암웨이사에서 생산·판매하는 식품이야말로 음양오행의 기준과 일반 과학의 기준에 맞게 생산된 지구상에서 가장 완벽한 건강 보조식품이라 표현하고 싶다. 그것은 생산 과정 이전에 재료조차도 정하여진 기준에서 엄격히 채취를 하기 때문에 자연 환경·입지 조건·생산물의 적합 여부 등이 여러 가지 정하여진 수순에 의해 만들어지기 때문이다.

모든 제품들이 자연 친화력을 가지며 인체의 필요 영양소가 가장 적절히 배합되어 있다. 제품의 일부를 열거하면 '데일리', '이스트 비', '후르트 앤 베지터블 화이버', '칼디', '새몬 오메가-3', '뉴트리 푸로틴', '더블 엑스', '베타카로틴〔일상 생활에 사용되는 모든 영양소가 골고루 있어서 설명서를 본다면 남녀 노소 누구나 사용하기 적합하다〕' 외 여러 가지의 건강 보조식품이 있는데 가격도 저렴하지만 세밀한 함량표기로 정확하고 믿음이 간다. 한마디 더 하자면 20세기의 신이 주신 마지막 건강 보조식품이라 할 수 있다.

어떤 분들은 이러한 이야기를 하면 "외제잖아요?"라고 이야기를 하는데 이렇게 말씀드리고 싶다. "국가를 움직이는 것은 세금입니다"라고. 몇 개의 물건을 구입해 보았지만 세무서에 100% 세금이 납입되는 영수증은 나의 상식으로서는 경이로운 방법이기도 하다.

누구나 어지간한 질병은 사전에 신경을 쓰면 피해 가는데 대부분의 사람은 병이 들었다는 결정이나 통증이 심각하게 와야 이제 아픈거로구나라고 하며 그때서야 대책을 마련하기 때문에 항시 늦는다. 하긴 실업자를 면치 못하는 상황에서도 십여 만원을 들여 병원과 한의원을 기웃거리고 건강 보조식품을 먹는 것에 눈초리가 따갑지만 내 인생과 건강은 내가 개척한다는 마음으로 억척스러운 것은 '행복지상주의'를 추구하기 때문이다.

부록 : 관상 바로 보기

1. 읽으면서 판단하는 관상

신문이나 TV에서 정치가들이나 유명 인사 또는 스타들을 많이 보게 된다. 그런데 전문가가 아니라도 관상을 보면서 판단을 할 수 있는 간단하고 쉬운 구별법을 몇 자 적어 보았다. 그런데 공통점이 발견되면서 그것 참 신기하구나라는 생각이 들어 공개하니 더도 덜도 말고 참고하여서 개인의 발전에 밑바탕이 되면 좋겠다.

정치가가 되려면 대화 중이나 연설 중에 아랫니가 보이면 된다. 대통령을 위시하여 모든 정치가들은 90% 이상이 여기에 해당한다.

연예인이나 가수 등 끼를 마음껏 발산하는 직업은 반대로 윗니가 보인다. 남자가 이마가 불거지도록 튀어나오면 관직에서 명예를 얻으며 여자가 나오면 꼴통 짓을 한다. 이가 튀어나온 사람은 말이 빠르고 대화의 질서가 고르지 못하며 턱이 들어간 사람은 말년이 불운하다. 눈알이 좌우로 쉼 없이 움직이면 복이 없고 도둑 상이다.

동서양을 막론하고 코가 바로 서지 않은 사람은 성공하기 어렵다. 이 모든 것들이 다 갖추어져도 마음이 안팎으로 가지런하지 않으면 바로 서기 어렵다. 따라서 인간만이 관상을 이야기할 수 있으나 전제되어야 할 부분은 먼저 정신 세계의 완성이 우선이라는 것을 감히 말씀드리고 싶다.

인간과 동물의 차이가 관상뿐 아니라 정신 세계의 차이로 보면 어떤 동물이든 스스로 사는 동물들은 대부분 건강하다. 인간의 욕심으로 집에서 거두거나 가까이 하는 동물들이 약해지는 것이다. 동물들은 먹고 배설하는 것과 생리 작용 등이 자연에 순응을 하기 때문에 건강하다.

그런데 인간은 아무리 다 주어도 그 욕심은 채울 수가 없다. 욕심에 의한 스트레스 등으로 정신과 육체가 파괴되는 것이다.

따라서 관상 이전에 심상이 우선이라는 것을 분명히 밝혀두고 싶다.

2. 승부는 얼굴로

(1) 이마

왕장지상(王將之相)이라 하며,

천원(天元) : 머리꼭대기 - 하늘의 복이 쌓이는 곳.
　　　　　　　[혈을 이야기할 경우는 백회라고 함]

천정(天庭) : 이마 - 하늘의 은덕이 내려와 쌓이는
　　　　　　　곳.

(2) 귀(耳)

귀의 위치가 내려와 있을수록 진화된 것임.

암탉 : 항문과 성기가 같은 통로

암캐 : 항문과 성기가 따로

여성 : 항문과 성기가 암캐보다 멀리 떨어져 있다.

즉 진화가 될수록〔귀의 위치가 내려올수록〕 항문과 성기의 거리가 멀다. 따라서 귀가 위로 붙어 있는 여성은 성기의 위치가 아래쪽임을 알 수가 있고 귀가 아래로 내려올수록 성기는 위쪽이다. 그러므로 여성의 귀가 위쪽〔성기는 밑〕일수록 동물적인 본능이 강하며 남성이 만족한다.

(3) 입(口)

일반적으로 입이 큰 사람은 활동적인 체질을 타고났기 때문에 만사에 적극적이고 사회 활동에 대한 의욕도 강하다. 금전 운도 좋은 편. 입이 작은 여성이 외출이 잦으면 경계할 일이다.

(4) 코

코는 자기 자신을 상징한다. 따라서 여자든 남자든 제일 중요한 부분으로 생각을 하여야 한다. 코가 크고 힘차게 뻗어 있는 사람은 그 자신의 운세도 좋고 코가 낮은 사람은 운세도 신통치 못하다.

■ 여성의 코 : 아내의 자리, 즉 남편의 지위를 나타낸
다. 따라서 코가 작거나 낮고 못생긴 여성은 남편복도
그만큼 적다. 또한 남편의 운세도 지배하기 마련이므
로 남편이 좋은 상(相)을 갖고 있어도 코가 못생긴 여
성을 맞이하면 남자의 운세도 줄어든다.

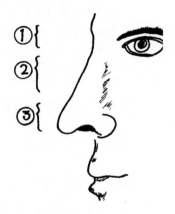

코가 나타내는 성격
① 지성(명예심) ② 의지력 ③ 자존심

■ 미간(眉間) : 미간(眉間) 근처가 높아야 두령 운이
있다. 즉 산근(山根)이라는 곳이 높아야 하고 낮은 사
람은 리더십이나 두령 운이 없다. 또 산근은 지성을
나타내므로 성장하면서도 극단적으로 낮은 사람은 공
부할 운이 좋지 않은 편이다.

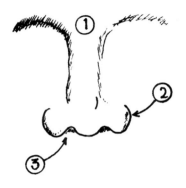

코의 명칭
① 산근(山根) ② 금갑(金甲) ③ 준두(準頭)

콧대가 높은 사람은 도도하고 교만하지만 낮은 사람은 비교적 애교가 풍부해서 남녀를 불문하고 남의 미움은 크게 사지 않는다. 콧대가 높은 사람은 장사가 맞지 않는다.

※ 코의 표준
얼굴 전체〔머리끝에서 턱끝〕의 3분의 1이 표준.
코의 길이는 - 미간부터 준두(準頭)까지
코의 높이는 - 길이의 약 절반 정도

■ 준두(準頭)가 뾰족하게 솟아 있는 사람
극단적으로 자존심이 강해 남에게 뒤떨어지지 않으려 하고 재주가 뛰어나고 아이디어도 풍부하지만 운세는

약한 상(相)이다. 성미도 급하고 화도 잘 내고 남과
다투는 일이 많다.

 하늘의 은덕이나 윗사람의 혜택이 자기 자신에게 미간
(眉間)을 통해 산근(山根)을 타고 준두(準頭)에 이르
는 길이 고속 도로처럼 시원해야 이상적이며 그 중간
인 산근(山根)이 지나치게 낮거나 콧대에 상처가 있고
커다란 점이 있고 삐뚤어 있다면 울퉁불퉁하고 장애물
이 있는 길처럼 하늘의 은덕이나 윗사람의 혜택이 미
치기 어렵다.

준두(準頭) →
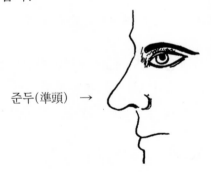

■ 지나치게 코가 큰 남성은 요주의
 산근(山根)이 극단적으로 높아 이
 마에서 직접 코가 뻗어 나온 사람은
 미인을 아내로 맞을 상이지만 초혼
 에 실패할 확률이 높다.

■ 산근(山根)이 낮게 쑥 들어간 사람
남성(男性)은 명예심, 자존심이 전혀
없는 게으름뱅이가 많고 여성(女性)의
경우는 강력한 관능(官能)을 누를 길
이 없는 음부(淫婦)의 상(相)이다. 또
한 지성도 윤리감도 없다.

■ 산근(山根)에 옆줄이 있는 사람
남성(男性)은 여색(女色)을 좋
아해서 처와 이별하기 쉽다. 상
처나 검은 점이 있는 경우는 남
성 기능이 고장일 수 있으며 여
성의 경우는 불감증일 수 있다.
또한 일생을 통해 고생이 많고
자식 복이 없어 30대 중반에 환

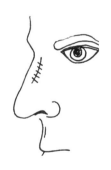

난을 겪을 수 있으며 웃을 때 코에 잔주름이 잡히는 여
성은 난소나 자궁(子宮)에 질병이 있는 여성(女性)의
상(相)이다.

■ 계단코인 여성은 초혼에 실패하기
쉽다. : 타협성이 없는 고집쟁이로서
30대 중반에 파산의 위험과 남편과
사별을 하거나 남편의 외도로 초혼에
실패하기 쉽다.

■ 코끝이 아래로 처져 있는 사람은 구두쇠이다.

(5) 금갑(金甲)

금갑(金甲)이 불룩하고 힘차게 보이는 사람은 '부귀(富貴)의 상(相)'으로서 운세가 좋고 어려운 일이 발생할 때는 도와주는 사람이 생기며 두뇌도 명석하고 경제 관념이 발달하여 저축성과 이재성(理財性)이 뛰어나다. 이것은 코를 자기 자신으로 볼 때 금갑(金甲)은 자기 몸을 장식하는 의복 역할을 한다.

금갑(金甲)이 거의 없는 사람은 운세도 약하고 자식도 없어 만년을 고독하게 보낸다. 게다가 콧대가 칼날처럼 생겼으면 신경질적이며 호흡기 질환에 걸리기 쉽다. 여성은 금갑(金甲)이 빈약할 경우 이재성(罹災性)에는 어둡고 허영심이 강하다. 남성 또한 마찬가지이다.

■ 금갑(金甲)이 위로 말려 올라간 사람
이런 코를 가진 남성(男性)은 대개 남의 비위를 교묘하게 잘 맞추는 재주가 있고 사교성이 뛰어나 겉으로는 싹싹하지만 마음속으로는 교만하고 허영심이 강하며 교활하고 이기적이다. 고리 대금업이나 사기꾼 중에 이런 타입이 많다.

■ 코의 높이는 어른이 된 뒤에는 변하지 않으나 코의 살집이나 금갑(金甲)은 운세에 따라 다소 변한다.

■ 콧구멍이 너무 큰 사람

끈기가 적고 수명도 길지 못하며 콧구멍이 너무 작은 사람은 인색할 만큼 검소한 사람이다. 특히 얼굴은 큰데 코가 아주 작은 사람은 아무리 부잣집에 태어나도 재산을 유지하기 어렵다. 흔히 말하는 들창코는 윗사람과 의견이 맞지 않아 일찍 고향을 떠나는 수가 많고 낭비벽이 심하다.

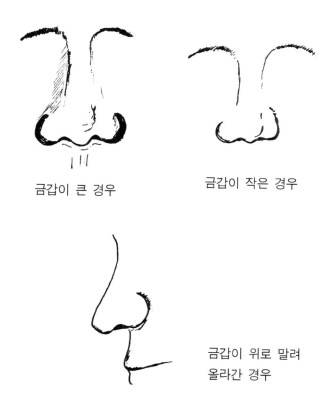

금갑이 큰 경우

금갑이 작은 경우

금갑이 위로 말려
올라간 경우

■ 여성(女性)의 경우

코는 몸통을 나타내고, 금갑(金甲)은 유방을 나타내며, 눈썹은 다리를 나타낸다. 법령[法令, 코의 양쪽에서 입가의 좌우로 뻗은 선]은 팔로 본다.

■ 남성의 경우

콧대 오른쪽으로 휘어 있으면 '여난의 상'이고 왼쪽으로 휘어 있으면 노름을 좋아하고 승부사 기질이 있다. 여성은 남편의 운을 망치며 일생 기복(起伏)이 많다.

■ 킁킁거리는 사람

만성 축농증이나 콧속이 민감한 사람은, 일시적인 때는 일이 뜻대로 되지 않아 초조감의 표시로 보며, 늘상 버릇처럼 하는 사람은 반드시 중년에 크게 좌절하거나 불행한 일을 당한다.

(6) 인중(人中)

인중(人中)은 길수록 좋다.

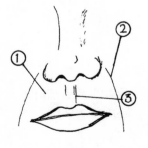

① 금록(金祿)
② 법령(法令)
③ 인중(人中)

■ 인중이 긴 사람
　장수(長壽)의 상(相)이며 재복도 좋은 길상(吉相)이다. 인중(人中)이 길고 윗입술이 위로 말려 올라가지 않은 사람은 두령운이 있다. 인중이 짧은 사람은 단명(短命)의 상이다. 인중의 홈이 깊을 때에는 운이 별로 피지 않지만 한번 피기 시작하면 얕아진다.

■ 법령이 양쪽으로 넓게 퍼져 있는 사람
　일이 순조롭고 성공할 확률이 크며 법령이 길수록 수명이 길다.

■ 식록(食祿)이 넓은 사람
　생계에 여유가 있고 재산도 모을 수가 있다. 대체로 식록(食祿)이 넓은 사람은 인중(人中)도 길고 법령(法令)도 넓고 길게 자리잡고 있다. 이 세 가지는 수명과 재복을 뜻하는 상관이 있기 때문이다.

■ 금갑(金甲) 근처에서 식록(食祿)에 걸쳐 팥알만큼 큰 점이나 사마귀 같은 것이 있으면 일생을 먹고사는 데 지장이 없다. 색깔은 광택이 나면서 검거나 진한 초콜릿색이 좋은 점이다.

■ 인중(人中)에 가로질러서 줄이 있는 사람
　자식 복이 없다. 또 인중에 수염이 많이 나는 사람은 이상도 높고 일찍 성공하며, 반대면 재치 있고 아는 것이 많은 만물 박사이다.

※ 인중(人中)의 점
흉상(凶相)이며 남자는 욕을 많이 먹으며 직업을 자주
바꾸고 여색(女色)을 좋아한다. 여성의 경우 자궁으로
보며 인중(人中)이 삐뚤어진 여성은 전굴(前屈) 또는
후굴(後屈)로 되어 있어 나이가 들면서 허리가 아플 경
우가 있다.

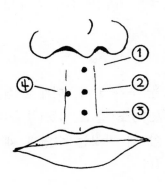

① 코의 바로 아래 점은 단
명(短命)의 상(相)이다.
② 인중 한가운데 점이 있으
면 자궁이 약해 아이를 낳기
힘들며 재혼할 확률이 높다.
③ 좌우 어느 한쪽에 점이
있으면 간통(姦通)의 상이며,
④ 점이 인중(人中) 아래쪽
에 있거나, 웃을 때 인중에 옆줄이나 주름이 가는 여성
은 남녀 관계가 복잡한 상이다.

(7) 이마
이마는 부모나 윗사람의 은덕이 쌓이는 곳으로 흠집이
나 점이 없어야 되며 피부의 살집이 두툼한 것을 좋은 상
으로 본다.

■ 장남은 이마가 가장 넓고 내려갈수록 좁아진다. 만약 둘째가 장남보다 더 넓다면 둘째가 가업을 이어 받거나 부모를 모시고 살아갈 운명이다.

■ 관록〔官祿, 이마의 한가운데를 말함〕에 살집이 두툼해야 부모의 덕이 있고 공무원으로 대성한다. 관록 부분에 살집이 없거나 푹 패인 사람은 운세가 활기차지 못하며, 흠집이나 점이 있으면 부모의 유산을 받거나 가업을 잇게 되더라도 재산을 지탱하기 어렵다.

※ 삼문(三紋)
① 천문(天紋) : 그 사람의 전반적인 운세와 윗사람과의 관계를 말한다.
② 인문(人紋) : 건강 상태와 재운, 친구나 동료와의 관계를 뜻한다.
③ 지문(地紋) : 자손들과 가운(家運). 아랫사람과의 관계 따라서 지문이 분명치 못한 사람은 혼자 하는 사업이 적성에 알맞다.

■ 천문과 인문, 지문이 가지런히 뻗어있는 사람
  일평생 의식주 걱정이 없다.

■ 인문 한 줄만 있는 사람
  형제와 부부사이가 원만치 못하다.

■ 만사를 비관적으로 생각하고
　고생을 사서하는 타입

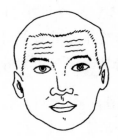

■ 주름이 파도처럼 출렁이는 사람
　초년 운은 말할 것도 없고 중년
　운은 더 좋지 않다는 민망스런
　상이다.

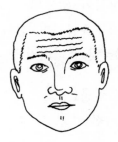

■ 기러기가 날아가는 모습은 이마
　가 좁은 근골질 사람에게 잘 나
　타나는 상으로 돈버는 소질이 없
　고 물질에 욕심이 없는 담백한
　성격으로 사색형이다.

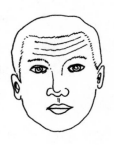

■ 이마에 잔주름이 많은 사람
　남의 일에 더 신경을 쓰는 고단한 운세이다.

■ 지능형

이마의 맨 위쪽은 추리력을 말하며, 지능이나 상상력이
발달한 사람은 윗이마가 넓다.

■ 감정형

둥근 이마를 가진 사람은 이마 위쪽보다 중앙에서 아래
쪽이 넓어 직관력이 뛰어나며 욱하는 성격이지만 곧 가
라앉는 성격이다. 눈썹 위〔눈두덩이〕가 튀어나온 사람은
직관력이 상당히 발달한 사람이다.

■ 근골형

아래쪽이 넓어 모가 난 타입은 잔재주를 부리지 않고
사무실보다는 현장을 중시하는 불도저형이다.

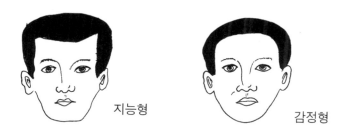

지능형   감정형

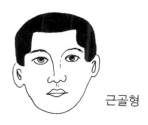

근골형

■ 미간에 천(川)자를 그리면 고독한 상이다.
자그마한 일에도 신경을 쓰고 심리적으로도 고독한 인
생을 보내는 상이다.

■ 현침문(懸針紋)
미간 한가운데 한 줄이 깊이 패인 사람을 말하며 미간
이 좁은 사람에게 많이 나타나며 부모, 형 또는 조직의
윗사람에게 억눌려 자기 의사 표시를 할 기회가 없기
때문에 욕구 불만이 있을 경우에 나타나기도 한다.
여성의 경우 현침문이 있으면 정조 관념이 강하고 명기
의 자질을 갖추고 있으며 먼 장래까지 걱정을 한다.

■ 적포
이마에 여드름이 나는 것을 적포(赤힝)라고 한다. 사춘
기 때는 누군가를 짝사랑하는데 잘 이루어지지 않을 때
이며 만일 애정 문제가 아니면 금전 고충, 취직, 시험의
전망이 좋지 않은 징조. 이 적포는 교통 사고, 화재, 수
난 등 재해의 전조로 본다.

(9) 눈
눈은 마음의 창이다.

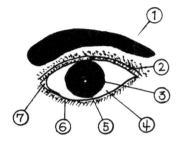

① 눈썹   ② 눈꺼풀
③ 청(晴)   ④ 백(白)
⑤ 동(瞳)   ⑥ 누당(淚當)
⑦ 노육(努肉)

■ 눈이 험난하거나 매섭게 생긴 사람 성질도 그러하지만 눈에 힘이 있는 사람은 그때의 운세도 대단히 좋은 사람이다.

■ 눈이 멀겋게 보이거나 멍청하게 느껴지는 사람은 그 당시 운세도 안 좋은 형편이다.

■ 사람을 마주볼 때 자신 있는 표정을 짓거나 눈을 크게 뜨는 사람은 진취적이고 야망도 크다. 따라서 운세도 좋다.

■ 눈이 크면 목소리도 크다. 따라서 성량과 눈의 크기는 비례한다.

■ 눈이 큰 사람 중에는 악인은 없다.

■ 미간〔눈과 눈 사이〕의 표준은 성인의 경우 그 사이에 눈이 하나 들어갈 수 있는 정도인데 미간이 넓은 여성

일수록 유혹에 약하다.

■ 눈이 크고 부리부리한 남성이 정력적이고 배짱도 있다

■ 흰자위가 푸른 여성은 히스테리 증상이 있다.

■ 흰자위 부분이 언제나 탁한 빛을 내고 있는 경우는 간
장이 나쁘고 정력이 부실하다.

■ 양쪽 눈의 동(瞳)이 크기가 다르거나 동공이 둥근 모
양이 아닌 경우 단명의 상이다.

■ 갈색 눈을 가진 남성은 잔인한 성격의 소유자로 모략
에 능하고 이기적이다. 다만 자기분야 일만큼은 잘 해내
서 상사로부터는 유능하다고 인정을 받는다. 여성의 경
우는 태어날 때부터 음부(淫婦)의 상(相)이다. 인정미가
있어 보이지만 박정한 여자(女子)이다.

■ 입을 꽉 다물고 있을 때 동공이 작아지는 사람은 의지
력이 강하고 견실주의 자이며 반대로 동공이 커지는 사
람은 감정적이고 계획성과 인내력이 부족하다.

■ 하삼백(下三白)의 눈은 자
신의 품위를 높이려는 야심
이 크고 지기 싫어하며 고집
이 세다. 처 복, 자식 복이

없고 중년에 실패할 확률이 높으며 여성의 경우도 마찬
가지이고 히스테리 증상도 있을 수 있다.

■ 상삼백(上三白)의 눈은 뱀 눈이라고 불리우며 성격이
  음험하고 도벽이 있는 경우이다. 범죄형이며 도둑고양

이 눈이라고 한다. 여성의
경우 의지가 박약하고 자
기 본심을 남에게 얘기하
지 않는 타입이다.

■ 사백안(四白眼)의 눈은 눈동자가 안정되지 않아 상하
  좌우로 움직이며 도벽이 있다. 여성의 경우 골반이 좁

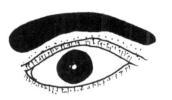

아 난산을 우려, 가슴 질
환도 주의를 해야 한다.
따라서 흰자위가 많은
사람은 조심해야 한다.

■ 양지 타입이라는 것은 눈
  꺼풀이 눈머리 쪽[코 쪽]에
  서 합쳐진 쌍꺼풀을 말하
  며 정처(正妻)의 눈이다.

■ 그늘 타입은 눈꺼풀이 눈머리 쪽에서 떨어져 있는 경우로 정조 관념이 희박하고 음부의 상으로 첩실(妾室)의 눈이다.

■ 누당이 부풀어 올라와 있는 눈은 성적 향락을 쫓는 상으로 물장사 직업의 여성에게 많다. 다음(多淫)의 상(相)이다.

■ 눈머리 근처 위 눈꺼풀이 아래로 쳐져 있는 눈
남의 마음을 잘 꿰뚫어 보고 성격은 냉정하고 타산적이며. 남성은 제비족이나 색마형이다.

■ 눈꼬리 쪽이 약간 위로 올라간 눈
고집이 센 성격. 몸도 튼튼하고 정력도 좋다. 나쁘게 풀린 여성은 창녀형이다.

■ 세모꼴의 눈을 가진 여성은 질투심이 대단하다.
의부증이 있다.

■ 눈이 푹 패인 사람은 부모 덕이 없으며 성질이 조급하다.

■ 눈과 눈썹 사이가 넓고 두툼할수록 부모 덕이 있으며

전택궁(田宅宮)이라 한다. 전택궁에 흠이나 점이 있으면 부모 유산을 물려받아도 지키기 어렵다.

■ 눈알이 튀어나온 것처럼 보이는 동그란 여성
청상 과부상이다.

■ 두 눈의 크기가 다른 짝짝이 눈
고집이 대단하다.

■ 눈꼬리가 올라간 여성
적극적이고 남성적이며 엄처타입이고 대체로 운세는 좋은 편이다.

■ 눈꼬리가 똑 바르거나 조금 내려간 여성
소극적, 여성적이다.

■ 누당(淚當)이 불룩하면 정력이 강하다. 여성의 본능 욕구도 대단하며 살집이 없으면 남편 운이 좋지 않다. 나이도 들지 않아서 누당(淚當)이 축 늘어져 있으면 정력이 떨어진 증거이며 섹스가 과도한 사람은 남녀 할 것 없이 누당(淚當)이 거무죽죽하게 된다.

■ 누당(淚當)
일명 음덕(蔭德)부라고 한다.
불룩하게 솟아 있고 혈색이 좋으면 남몰래 자선 사업도 하고 음덕을 쌓는다.

※ 여성의 눈과 유방, 생식기와의 상관 관계

① 눈과 눈 사이가 넓은 여성 : 유방과 유방의 사이도 넓으며 생식 기관이 고장나면 젖도 잘 나오지 않으며 눈도 나빠진다. 또한 눈 아래 점이 있는 여성은 유방 에도 점이 있고 자녀 근심이 많다.

② 눈꼬리에 점이 있는 여성은 연하의 남성을 좋아한 다.

③ 산근[코의 맨 윗부분]에서 눈머리 사이에 점이 있는 여성은 정조를 지키기 어려운 상(相)이며, 오른쪽이 면 적극적이고 왼쪽이면 소극적이다. 반대로 눈꼬리 에 있으면 호색가이다.

④ 속눈썹이 많은 여성은 손재주가 좋으며 반대로 적으 면 재기(才氣)는 있으나 성격이 교활하다.

(10) 눈썹

눈썹은 형제와 자손 운을 본다. - 형제궁(兄弟宮)

가) 좋은 눈썹 : 너무 시꺼멓게 보이지 않고 너무 엷지 않으며 좌우의 균형이 잡히고 깨끗하게 나 있어야 한다. 이런 눈썹은 성공할 확률이 높고 형제간의 우애도 깊고 자식 복도 좋다.

나) 나쁜 눈썹 : 눈썹이 엷은 사람이며 길이가 눈보다 짧

은 사람

① 눈썹이 지나치게 짧은 여성 : 부부 운은 좋지 않다.

② 눈썹이 짧고 꼬리 부분이 상당히 아래로 처진 남성은 생활이 불안정하다.

③ 눈썹의 모양이 여덟 팔(八)자〔눈썹의 꼬리 부분이 극단적으로 처진 상〕

④ 二尾의 相 : 처연(妻緣)이 한 번으로 끝나지 않고 더구나 눈꼬리까지 함께 처진 사람〔四尾의 相〕은 더욱 복잡하다.

⑤ 눈썹이 가지런하지 않고 엇갈려 나 있는 사람은 직업이 불안정하다.

⑥ 눈썹이 한가운데 갈라진 것 같은 모양 : 육친과 불왕래(不往來)한다.

⑦ 눈썹 안에 점이 있는 사람 : 총명하며 콧대가 높고 체면을 중시한다.

⑧ 눈썹의 모양이 두텁고 느긋하면 운세도 좋고 장수한다.

⑨ 눈썹의 길이가 눈보다 짧거나 눈썹이 눈두덩을 덮고 있는 느낌을 주는 사람 : 덕도 없고 재운이 희박하며 눈썹의 털이 너무 굵거나 숱이 많으면 재운이 좋지 않다.

⑩ 눈썹의 두덩이 불룩하게 솟아 있는 사람 : 노력형이다. 중국상법(中國相法)에서는 대귀의 상(大貴의 相)

으로 본다.

⑪ 채(彩)가 있는 남성 : 본인뿐만 아니라 집안에도 성
공하는 인물이 나온다.

⑫ 양쪽 눈썹의 높이가 서로 다르면 : 배다른 형제가 있
는 상(相)이다.

⑬ 눈썹의 털이 눈과 눈 사이에서부터 나 있는 사람 :
성미가 급하고 성공 시기도 늦다. 부부·자식 복도 없
다.

⑭ 눈썹 꼬리 부분이 위로 치켜 올라간 여성 : 성격이
과격하고 가정적이지 못하며, 눈썹이 너무 가늘고 눈
보다 훨씬 높게 나 있는 여성은 태어날 때부터 색정
(色情)과 정력이 남다른 상이다.

(11) 귀

부처님 오신날에 조계사에서 기념 행사를 하기에 일찍
서둘러 가 보았다. 물론 오라는 이는 없었는데 자진 출두
를 한 것이다. 앞좌석은 이름만 대면 알만한 아주 유명한
귀빈들이 앉아서 단상을 향해 측면으로 앉아 있었는데 옆
모습이 보여 다행히 귀를 관찰할 수가 있었다.

그런데 놀라운 것은 80%~90%의 귀가 안으로 말려져
있었다. 귓밥에 쌀알을 올려놓을 정도의 상이면 천금을
희롱한다고 하였는데 실제로 그분들의 귀를 보며 이하!
하는 감탄이 절로 나왔다.

귀는 수복(壽福)을 나타낸다.

■ 귀가 크고 단단하면 마음도 넓고 지혜도 있으며 귀가 작으면 이상도 작고 마음이 약하다.

■ 귀가 크면 신장도 튼튼하고 의욕적이고 지혜도 생기며, 귀가 작으면 신계가 약해서 만사에 자신이 없고 끈기 부족하다.

■ 귓밥이 크고 두툼하게 생긴 사람은 생각하는 것이 원만하고 성실한 사람이며 귓밥이 없는 사람은 재주는 있으나 성격이 급하다.

■ 여성의 남성 운
귓밥이 크고 불룩하게 튀어나와 있는 귀는 아주 좋은 상(相)으로, 성격도 명랑하고 남성에게 사랑받는 타입이며 남편 운도 좋다. 반대로 귓밥이 빈약한 여성은 남편 복이 없고 결혼에 실패하기 쉽다.

■ 귀에 점이 있거나, 피부색에 비해 귀에 붉은 기가 많은 사람은 색난(色難)의 상(相)이다.

■ 귓구멍 속의 털이 머리카락처럼 뻣뻣한 털〔耳毫〕을 가지고 있는 사람은 장수의 상이다.

(12) 털

털은 인생의 여러 가지 운명을 좌우한다.

■ 머리를 자르면 : 머릿속의 울혈[정맥 속에 피가 잘 흐르지 않고 고여 있는 것]을 방지하고 혈액 순환을 잘 시킨다. 그러나 남성이 인위적으로 머리를 기르고 있으면 피의 순환이 정체된 결과로 여성적 성격을 띠게 된다.

■ 곱슬머리는 끈기가 부족하고 금방 싫증을 내고 직업을 자주 바꾸는 상(相)이며 섹스에 열을 올리는 상이다.

(13) 입

입 주위에 두드러기나 여드름 같은 것이 울긋불긋 피어난 여자들은 대부분 자궁에 병이 있다.

입은 그 사람의 가정을 나타낸다.

■ 윗입술의 선이 깨끗하고 분명한 사람은 유복한 가정의 태생이며 윤곽이 분명치 않고 지저분한 느낌을 주는 사람은 경제적이나 정신적으로 불우한 상태이다.

■ 웃을 때 입을 크게 벌리고 웃는 사람은 매사에 의욕적이며 금전 운도 따른다. 그러나 반대로 입을 작게 웃는 사람은 매사에 소심하고 마음이 약하다.

■ 큰 입, 작은 입의 기준

두 눈동자의 중심에서 수직으로 선을 그어서 간격보다 선이 더 나와 있으면 크다.

■ 입이 큰 여성은 남편을 부양하기 쉬우며, 사교적이고 적극적이다.

■ 사람 몸 중에서 점막이 겉으로 나타나 착색된 부분; 입술, 젖꼭지, 음부, 항문 등은 성감(性感)이다.

■ 동양에서는 입이 작은 여성을 선호 : 소심한 성격으로 남편에게 순종하며 집안 살림을 알뜰하게 운영한다.

■ 웃을 때 잇몸을 드러내고 웃는 여성 : 대가 세고 구질 구질하지 않은 성격으로 낙천가처럼 보이지만 언제나 냉정한 계산, 여성은 유혹에 약하며, 정조 관념이 희박 하다.

■ 입술이 두툼하면 길상(吉相)으로 요리 솜씨가 있다. : 미각 발달

■ 해각(海角) : 입술의 양쪽 끝 해각이 위쪽으로 올라가 웃는 것 같은 인상은 일생에서 식복(食福)이 있어 직업도 안정. 반대로 처진 모양〔심술 난 것 같은 인상〕은 신경질적이며 시비를 잘 거는 경향 이 있고 금전운도 좋지 않다.

■ 윗입술이 아랫입술을 누르는 것 같은 느낌 : 조숙한 사람이며 향락을 좋아하고 게으른 성품이다.

■ 아랫입술이 더 나온 사람 : 하극상(下剋上)의 상(相) 이다.

■ 입을 벌리고 있는 사람은 끈기가 없고 신체의 고장도 많아 단명(短命)의 상이다.

■ 입술에 점이 있는 사람은 남녀 공히 식복이 있어 좋은 운세이나, 윗입술의 점은 수난(水難)의 상(相)이며 아 랫입술의 점은 남성(男性)의 경우 여난(女難)의 상(相) 에 해당한다. 여성(女性)은 남난(男難)의 상(相)에 해 당한다. 그리고 건강에는 냉대하에 주의를 요한다.

■ 중년 남자가 여자 입술처럼 빨간 경우 : 천식, 호흡기 질환이 있으며 남녀 모두 입술이 거무튀튀한 사람은 음 란하다.

■ 입술이 허연 여성은 자궁이 냉해서 유산하기 쉽다.

(14) 치상(齒相)

■ 치상에서는 여성의 경우 앞니를 빼거나 틀니를 하게 되면 유방이 작아지며 이가 튼튼한 사람은 남녀 모두 정력도 강하다.

■ 이가 가지런한 사람은 말에 진실이 담겨 있고 치열이
  고르지 않은 경우 심성이 곱지 않고 범죄자가 많다.

■ 앞니가 남자처럼 큰 여성은 일에 열중하며 자기 의무
  에 충실, 또한 이 전체가 가지런한 여성은 정열적인 성
  격으로 남성에 대해서도 적극적이다.

■ 치아가 극도로 들쭉날쭉한 사람은 남녀 불문하고 성격
  이 급하고 고집이 세다.

■ 너무 이가 흰 것은 마골(馬骨)같다고 해서 천상(賤相)
  으로 보며 반면 거무스름한 사람은 입술의 색깔도 대체
  로 거무스름한데 이런 남성은 음란 체질.

■ 뻐드렁니 : 아무렇게나 말하기를 좋아하며 자기 생각
  을 바로 얼굴에 나타낸다.

■ 옥니 : 음성적 성격, 책사(策士) 타입, 참모형.

■ 중절치〔대문니〕가 벌어져 있는 사람 : 만사에 끈기가
  적고 인덕이 없다. 앞니를 당문(當門)이라 하는데 운기
  를 보는 당문이 벌어져 있으면 스스로 운기를 잃은 것
  과 마찬가지로 자연 끈기도 적어진다.

■ 앞니가 송곳니처럼 뾰족한 사람 : 성격이 난폭하고 형
  제 사이도 원만치 못하고 의리가 없으며 배신할 상이

다.

■ 앞에 작은 이가 난 사람 : 옹고집의 상이다.

■ 앞니 두 개가 옆으로 휘어 있는 사람 : 허풍쟁이다.

■ 앞니가 겹쳐져 있는 사람 : 집념이 대단히 강하다.

■ 치아 전체가 잘게 난 사람: 이기적 성격이며 노랑이다.

(15) 턱〔池閣〕

주거에 관한 일을 판단한다.

■ 양 볼과 턱에 살이 없고 깡마르거나 뾰족한 사람을 하관이 바르다 하고 반대로 양 볼에 살이 있고 턱에도 살집이 풍만한 사람은 하관이 좋다고 한다.

■ 턱 한가운데 점이 있으면 집을 장만하는 데 힘이 들고 이사를 자주 하게 된다.

■ 턱이 둥근 형 : 생각이 원만하고 착실하게 일생을 산다. 사랑과 정이 깊고 가정적이다. 주위 사람으로부터 인정받고 부부 관계도 원만하다.

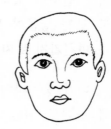

■ 턱이 뾰족하고 긴 형 : 이지적이
고 감각이 예민한 형. 운세가 좋
지 않고 애정면도 좋지 않아 쓸쓸
한 가정 생활을 할 운이다.

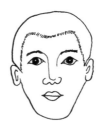

■ 턱이 네모형 : 성격이 완고하고
남에게 지기 싫어하며 집념이 강
하고 섬세한 부분까지 신경을 쓴
다. 골반이 퍼져 있는 편이다.

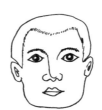

■ 턱이 넓고 큰데다 아랫입술부터
턱 끝까지의 길이가 긴 형 : 대
단한 자신가로서 의협심이 강하
며 애처가로 믿을만한 부하를 거
느릴 수 있는 보스형이다.

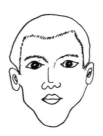

■ 턱이 길면서 턱 끝이 뾰족한 여성 : 언뜻 보기에는 성
깔이 있어 보이지만 내심은 순하고 부모형제를 위해 정
성을 다하고 남에게 대하는 태도가 늘 한결같다.

■ 몸 쪽으로 경사진 턱 : 성격이 감정적이라 희노애락
(喜怒哀樂)을 극단적으로 나타낸다. 참을성이 부족하고
감상적이며 예술 분야에 센스가 있고 만년에는 고독한
운세이다.

■ 턱이 앞으로 튀어나온 사람 : 몹시 정열적이고 자기 일에 열중하는 타입이지만 아내에게는 폭군이다. 나폴레옹과 무솔리니 등이 해당된다.

■ 턱은 두 부분으로 되어 있다. - 하나는 입 바로 아래를 '턱주가리'라고 하고 다른 하나는 귀 밑부분에서 턱으로 이루어진 부분인데 이 부분을 '가지볼'이라 한다.

※ 가지볼
① 이상적인 가지볼은 자기가 나서지 않아도 사람을 부려서 성공하며 이런 가지볼에 살집이 풍만하면 앉아서 만기(萬機)를 부르는 복상(福相)이다.
② 가지볼이 뒤쪽으로 당겨져 있는 사람 : 과격한 성격으로 보통 때는 남을 잘 보아주기도 하지만 자기와 이해관계가 얽히면 과격한 행동을 한다.
③ 가지볼이 전혀 없는 것 같은 형 : 자기를 떠받쳐 줄 보좌역이나 부하 복이 없다.

이상적인 가지볼   뒤로 밀린 가지볼

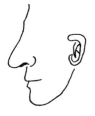

가지볼이 없는 형

④ 가지볼이 나와 있는 사람은 입이 무거우며 없는 사람
은 비밀도 쉽게 내뱉는 체질이다.

⑤ 가지볼이 나와 있는 여성은 「색정상법」에 명기의 체
질로 태어났으며 또한 생식 본능이 완벽해서 여성 자
신의 수축 운동이 무의식적으로 일어난다.

⑥ 볼의 살집이 풍만한 여성은 가슴도 풍만하다.

⑦ 이마가 넓고 시원한데 볼의 살이 없어 하관이 바른 사
람은 초년에는 일찍 출세하나 말년에는 일이 잘되지
않아 고독한 삶을 보낸다.

⑧ 여성의 보조개는 젊어서 재능을 인정받고 세상에서 유
명해질지 몰라도 말년에는 고독하다.

맺음말

　귀족들이 비밀리에 사용하던 방법을 공개하기 전 귀동냥을 해보니 수맥은 과학이라 하여 어느 정도 신빙성을 가져다 주는데 풍수는 죽은 시신을 대상으로 해서 그런지 미신으로 치부되고 있는 것을 느낄 수 있었다. 단적으로 말한다면 정확한 이치를 모르는 이들이 우왕좌왕하여 깨끗하게 잘 진행하는 이들에게 피해를 주다 보니 안타깝게 느끼며 이제 명당은 흙으로 말한다는 점을 분명히 일러두고 싶다.

　만일 집도 절도 없이 가난해도 묘를 잘 쓰고 싶다면 수맥을 피하고[옆으로 이동], 시신의 향을 바꾸기만 해도 발복을 받으니 효성만을 가지고 하루 날품을 팔 수 있다면 그것 또한 명당이다.

　조상을 모시는 정성을 위하여…….
　나의 조그마한 능력이 여러분의 앞날에 미력하나마 도움이 되기를 원하시면 전화를 하면 됩니다. 특히 다음 분들은 빠짐없이 점검을 하여 밝은 미래를 스스로 개척하는 분들이 되기를 바랍니다.

꿈에 돌아가신 조상이나 평소에 잘 알았던 죽은 친인척이 나타난 경험이 있는 분, 형제자매 중에 제명대로 살지 못하고 각종 사고나 절명을 하여 죽은 경우가 있는 가족, 가족 중에 불치의 병에 걸려 있는 경우.

이런 분들은 조상님의 함자와 묘를 쓴 곳의 지명을 알아서 전화를 하면 즉시 묘의 상태를 알려드리며 개선하는 방법을 제시해 드립니다.

건강해서 살아 있을 때 지상이 천국이지 죽어서 천국을 찾는 것은 모두 헛소리입니다. 부모자식간에 효나 사랑도 살아서 이루어져야 합니다.

영국의 석학이자 유명한 개신교의 총수이신 어느 박사가 경주에 들렀을 때의 일입니다. 고승이신 주지 스님과 담소를 하면서 질문을 받았습니다. "천국이 어디에 있느냐"고 스님이 여쭈니 "마음 안에 있습니다"라고 답을 하는 순간 스님의 입에서 투박하게 한마디가 나오기를 "안팎이 없나니……." 그 후 신학 박사이자 그 유명한 영국의 노교수는 한 세미나에서 한국인 제자와 유명 연사들에게 또렷한 한국말로 천국론을 강조한다고 합니다.

건강한 삶이 천국입니다. 건강한 후에 재물이 따르고 명예가 따르는 것입니다

글을 마치면서

비가 후두두 떨어졌다. 날이 무척 더우니 비를 좀 맞아
도 기분이 별로 나쁘지는 않을 것 같아 잠깐 걸어 보았
다.

길가에는 비를 피했는지 주인은 없고 리어카만 포도를
머금고 한 근에 1000원을 써놓고 있었는데 문득 한 근이
몇 킬로그램인가 하는 부질없는 생각이 떠올랐다.

방금 경동 시장에서 한의원을 차려 영업을 하는 형한테
다녀왔다. 일류 대학을 나왔지만 한의원을 하고 싶어 50
이 넘은 나이에 중국으로 건너가 7년이란 세월을 의술을
배우느라 진이 다 빠져 왔는데 국산품의 자격증이 없고
중국산이다. 그 생각을 하니 뭔가가 울컥 올라왔다.

21세기를 목전에 둔 지금, 어제 같은 오늘이, 오늘 같
은 내일이 되어서는 안 되는 절대 절명의 이 귀한 시간에
모두가 바쁘게 희망의 빛을 찾아 살아가고 있는데 나도
정신을 차려 일어서려 하니 모든 것이 모순 속에 묻혀 있
다.

점심나절 우리 사무실을 방문한 박씨는 10년 전 뇌졸중을 앓아 몸의 반은 제대로 가누지 못한다. 약속 시간에 맞추어 오느라 힘들어하는 모습을 보니 미안한 마음이 들었다.

소주천 대주천을 지나 천기가 열려 사진이나 사물에 손을 대면 느껴지는 기의 움직임과 약식 도면 위에서 추가 진동하는 것을 보여 주었다. 그분도 산허리에 앉으면 산의 지기가 느껴진다기에 1시간 여 이야기를 나누었다. 삶의 역경을 피하기 위한 수단으로 100여권의 책을 독파하며 피나는 노력으로 지나온 세월이 곤해 보였다.

공통적으로 암이나 정신병, 백혈병 등이 오는 원인에 대하여 이야기를 하고 있었다. 일반인의 대화에서 벗어난 누가 들으면 약간 맛이 간 그런 이야기를 하고 있었다. 그러면 어떠랴. 눈에 안보는 기의 감응을 이야기하다가 당신의 몸을 추스르라고 조상의 묘를 탐사키로 약속을 하였다.

10년 전 소련 모스크바에서 만난 고려인의 할머니가 하신 말씀이 생각난다. 60년대에 모스크바에서 지하철을 타고 다니며 한국의 소식을 들으면서 한국에 사는 형제들이 불쌍해 눈물을 흘렸다고 하는데, 88올림픽을 지나고 막상 만나 보니 거꾸로 한국이 훨씬 더 잘산다고 말씀하셨다. 세상의 모든 것은 시간에 따라 변하고 변한다. 그

래도 안 변하는 것이 있다. 근심 걱정을 늘 안고 사는 것
과 먹고 사는 이야기이다. 아이들과 텔레비전을 보며 내
가 수해로 물에 잠긴 벼를 걱정하니까 슈퍼마켓에 가면
있는데 무엇이 걱정이냐고 말을 하는 것이었다. 그 말도
일리 있는 것 같다고 속없이 대꾸를 해주었다. 배가 고프
면 허기를 달래는 방법은 여러 가지가 있다. 밥을 먹거나
라면을 먹어도 되며 빵을 먹어도 된다. 더러는 물이나 풀
뿌리로 배를 채울 수도 있다.

나의 주장이 모든 사람들에게 들어맞는 이야기가 아닐
수도 있다. 죽고 사는 병명을 늘어놓으며 독단적인 의견
을 말하고 싶지는 않다. 몹쓸 병이 나을 수도 있다는 희
망의 메시지가 되었으면 하는 바램일 뿐이다. 일통(一通)
하면 성공적인 삶의 기반이 된다.

몇 천년간 전해 내려온 일들이 요사이에 일부 과학으로
증명되고 있다. 정신 과학이라는 이름으로 …….

고상한 이야기를 하고 싶지만 재주가 없어 하루 일과와
느낌을 적고 말았다. 아무튼 많은 교육 기관을 통해서 수
맥과 풍수, 그리고 음양오행과 침술을 배우면서 나름대로
얻은 것은 몹쓸 병이 온다는 것이 모두 조상의 묘에서 기
인한다는 것이다. 또한 가정의 생사화복을 결정하는 원인
이 무엇인가도 어렴풋이 알게 되었다.

독선과 기고만장했던 지난 시간을 죽이기 위해 지금 나

는 부고를 띄운다. 과거의 유경호는 이 글의 발간으로 죽었노라고.

거듭나서 새로운 이미지로 봉사하겠다는 다짐을 하고 마음을 가다듬으니 탁발을 처음 나가는 스님의 초초한 심정이다. 며칠이나 지켜지려는지 두고 봐야겠다.

이 글을 쓰면서 존 에프 케네디 주니어의 비행기 사고를 접하고 백악관의 클린턴 대통령에게 한 통의 편지를 보냈다. 그의 할아버지 제프 케네디의 머리 부분에 수맥이 지나감으로 치워달라고……

비 내리는 어느 날
유 경 호

참고자료

◉ 저자의 인터뷰 기사 내용 발췌 (관련자료A, B)

■ 암과 같은 불치병은 조상의 묘에 수맥이 지나가기 때문입니다. 각종 사고, 재물 손괴, 수인 생활, 파산 선고 등은 모두 조상의 묘에서 기인을 합니다.

■ 유경호(유원) 씨는 전화로 자기 조상의 이름만 들려주어도 묘에 수맥이 흐르는지 여부를 아는 초능력 사이버 풍수지리가이며 지도로 명당을 찾는 괴이한 능력의 보유자이다.

■ 그가 주장하기를, 지정한 곳을 파내려 가면 오색 혈토가 나오며 어떤 곳이든 그러한 흙이 나오지 않으면 명당이 아니다라고 한다. 특히 요즘 수맥파 차단기와 도자기 등등의 물건을 넣어 명당이라고 주장을 한다면 자연의 섭리에 어긋나는 사기 행위라고 거침없이 이야기한다.

■ "우리 나라에서 명당은 아직도 수없이 많다."며 땅 속을 들여다 보는 능력이 있는 유경호 씨는 주장을 한다.

■ 묘에 수맥이 걸치면 암과 불행이 시작되는데 원리는 주파수의
원리로 사고 전 반드시 꿈속에 해당 조상이 나타나 알려 준다.
며칠 전의 존 에프 케네디 2세의 사고도 이와 일치한다.

■ 지금 그의 저서 「당신의 조상이 울고 있습니다」가 출판되어
독자들로부터 호평을 받고 있다.

■ 수없이 많은 직업 중에 남을 풍요롭게 해주고 기쁨을 얻는 직
업이며 초능력의 교육도 실시하고 있다.

〈관련 자료 A〉

노랫말과 알파파 연관성 주장하는
'좋은 건강을' 대표

유
원

'말이 씨가 된다'라는 말처럼 우리가 평소 입버릇처럼 말하던 것들이 현실로 다가오는 경우가 종종 있다.

이러한 사실을 딱 잘라 정의 내리긴 힘들겠지만 인간의 잠재적 두뇌가 알파파 상태였을때 말을 하게 되면 자신도 모르는 사이에 두뇌에 입력이 되고 결국엔 생각한 대로 된다는 것이다.

말도 안되는 일이라고 비웃을 수도 있겠지만 이러한 이론을 과학적으로 뒷받침할 증거를 제시해 화제가 되고 있는 이가 있다.

유 원씨가 바로 그인데 그의 알파파 이론을 들어보면 상당히 수긍이 간다. 알파파란 수면 직전 혹은 잠에서 깨어났으나 완전히 정신을 차리지 못한 상태의 뇌파를 말하며, 24시간 중 25분 남짓에 불과하다.

이런 상태에 있을때 자신의 바램을 염원하면 언젠가는 바램대로 이루어진다는 것이다.

'가수는 노랫말대로 된다'는 주장이 바로 그것인데 최근 부쩍 늘고 있는 가수들의 죽음이 단적인 예라 할 수 있다.

'듀스'에서 솔로로 전향한 가수 김성재가 지난해 11월 돌연사 한데 이어, 최근 서지원과 김광석이 잇달아 자살하자 '노래 가사에 신경써야 한다'는 의견이 고개를 들고 있는 것.

돌연사한 김성재의 경우도 직접적인 사인과는 별도로 유작 앨범 수록곡 중 '마지막 노래를 들어줘'의 노랫말 영향을 어

" 가수는 자기
노랫말대로 됩니다"

느정도는 받았을 것이라고 유 원씨는 말한다. 아울러 서지원의 마지막 곡인 '내 눈물 모아' 역시 '하늘에 편지를 써…'로 이어지는 가사가 나쁜 힘을 발휘한 것으로 풀이했다.

가수 구창모의 전 매니저이자
현 '좋은건강을'의 대표 유 원씨.
그가 인간에게 내재돼 있는 알파파에
관하여 이색적인 주장을 내놓았다.
그는 평소 입버릇처럼 말하던 것이
어느날 자신도 모르게 이루어진다는
이론과 함께 이를 뒷받침할만한
과학적 증거까지
제시하고 있는데…

● 글/임지현 ● 사진/최진환

"뇌는 신중한 해석자가 아닙니다. 레몬이나 얼음 등의 단어를 이야기하면 자신도 모르는 사이에 입에 침이 괴인다든지 차갑다든지 등의 반응이 나타나게 됩니다. 이러한 반응은 무의식 상태에서 나타나는 것이므로 뇌가 어떠한 말을 취사선택하는 것이 아니라 무조건 받아 들인다는 이론이 성립하게 되지요. 가수들 역시 무대에 올라 혼신을 다해 노래를 부르다 보면 뇌상태는 알파파가 되며, 가사가 주는 스트레스가 거듭되면 결국 노랫말대로 될 수 밖에 없는 것입니다!"

이러한 주장 이외에도 작고한 여러 가수들의 이름과 히트곡이 거론된다.

김현식의 '내사랑 내곁에'(나의 모든 사랑이 떠나가는 날아…), 장덕의 '님 떠난 후'(사랑했던 사람은 곁에 없지만…), 그리고 유재하의 '사랑하기 때문에', 차중락의 '낙엽따라 가버린 사랑', 배호의 '돌아가는 삼각지', 김정호의 '이름 모를 소녀', 하수영의 '아내에게 바치는 노래' 등의 경우도 매 한가지라는 것이 그의 설명이다.

'노래따라 간다'는 것은 가수 뿐만아니라 모든 연예인에게 해당된다는데, 얼마전 세상을 떠난 임성인씨는 마지막 출연작인 SBS '작별'만 아니었어도 죽지 않았을 거라는 것이 그의 주장이다.

이외에 가장 수명이 긴 가수로는 송대관을 뽑았다. 이유인즉, 그의 노래 '해뜰날'의 노랫말은 우주에서 가장 파워 있고 변하지 않는 '해'를 대상으로 삼았기 때문이다. 그리고 노처녀 가수 노사연은 '만남'이라는 노래를 내놓고 결혼을 하였으며, '대머리 총각'을 불러 히트시켰던 김상희씨의 부군은 요즘 진짜로 대머리가 되어가고 있다는 것이다.

어쨌든 그의 알파파 이론은 정확히 맞다, 틀리다라는 식의 흑백을 가리기 보다는 말의 중요성에 대해 생각하게 하는 주장임엔 틀림 없다.

김도향씨의 태교음악이나 김태곤씨의 치료음악 그리고 요즘 한창 인기있는 뇌파학습보조기도 모두 알파파의 원리에 의한 것이라고 그는 본다. 유 원씨는 요즘 두뇌의 알파, 베타, 세타, 델타파를 이용해 들으면서 자연스럽게 살이 빠지는 '명상 다이어트'를 보급 중에 있다.

(관련 자료 B)

"난 백발백중 인간 X레이"

설계도면 보고 땅밑 투시 매설물 찾는 유원씨

"도면만 봐도 땅밑을 투시할 수 있다."

감리전문 ㈜내외건축사무소 차장 유원씨 (40)의 주장이다. 가수 구창모씨 매니저, 옛 소련내 외국인대상 러시아어학교 이사장, 뇌파연구소 ㈜좋은건강을 대표 등 다채로운 이력을 지닌 인물.

그는 원격측정, 즉 설계도면상에 추를 늘어 뜨리는 방식으로 매설물을 찾고 있다고 한다. 같은 방법으로 건물이나 묘지의 수맥 파악도

광산 유전 등 모두 탐지 가능

이름만 듣고 주변 수맥 파악도

청사진 위에 추를 올린채 해당지역 땅속을 탐지하는 유원씨. 어디서나 폭 3~5m로 흐르는 수맥은 한결 쉽게 피할 수 있다 한다.

가능하다는 것이다. 몇몇 금·옥·수정 광산과 온천이 자신이 지적한 지점을 굴착, 효과를 거두고 있다고도 했다.

유씨는 "여기 앉아 각국의 숨은 유전 등을 찾아낸다면 얼마나 큰 국익일 것인가. 또 두께 1m 짜리 콘크리트도 순식간에 금가게 만드는 파괴적 수맥만 제대로 짚어도 건강과 생산성을 당장 회복할 수 있을 것"이라고 말했다.

성명만 대면 그 사람 주변에 흐르는 수맥을 측정하며 산소로 가지 않고도 묘소 주위 수맥을 찾는다고 한다. 특히 가정의 재난은 묘지 수맥만 판정해 바로 잡으면 상당부분 해소된다는 것이다. 수맥도 환경오염서 예외가 아닌데, 인체에 미치는 더욱 더러운 파장이 괴질

환을 유발한다고 풀이하기도 했다.

호주 캐나다 영국 뉴질랜드 미국 독일의 석유회사 등은 유씨처럼 추를 활용해 지하를 읽는 다우저(dowser)를 최고대우로 채용중이라 한다. 다우징을 방사공학 차원서 탐구하는 덕이다.

유씨는 장애인의 도움을 기다리고 있다. "집중력이 남다른 장애인들을 다우징 능력자로 집중육성해 국내 지하자원 개발은 물론 해외 유전과 노다지를 발굴한다"는 계획이다. (0343)456-6140.

【신동립 기자】

◉ 정덕 풍수지리 연구소
(程德 風水地理 硏究所) 안내

■ 한 통화의 전화를 거시면 모든 궁금증을 풀어 드립니다

조상을 섬기는 당신의 성의에 행운이 깃들기를 바라며 조상님의 함자와 묘를 쓴 장소(유택지)만 말씀하시면 즉시 현재 유택지 상황을 상세히 설명하여 드리겠습니다.
〈문의전화 : (02) 548-8721 / 상담시간 : 오후 2시~5시〉

■ 교육을 실시합니다.

(1) 교육 시간
　수맥 : 매주 화요일 오전 10시~12시 〈4주 과정〉
　초능력 풍수 : 매주 목요일 오후 7시~9시 〈8주 과정〉

(2) 교육내용
　수맥 : 엘로드 / 펜듈럼 / 원격탐사(도면으로 측정) /
　　　　전화로 건강 및 수맥 판단하기
　풍수 : 형기론, 이기론, 물형론, 초능력 판단법 등을
　　　　총망라한 이론과 실전 풀이(간산을 통한 현장에
　　　　서 명확한 판단법 소개)와 오행에 대한 연구

(3) 교육장소 : 강남 전철역 시티극장 뒤 한국인성학원
　　　　　　〈장소 문의 : (02) 567-6792〉

◉ 정덕 초능력 학회 회원 모집

당 연구소에서는 삶의 질을 증진하기 위한 목적의 하나
로 풍수와 수맥 및 지하 매설물 개발을 위하여 미래에
대한 꿈을 가진 정덕 회원을 모집합니다.

■ 회원 가입 후 특전
 ① 교육 수료 후 국제 공인 회원증 발급
 ② 각종의 지하매설물 탐사 발굴 및 원정
 ③ 매월 회보 발송 및 동정 안내

■ 대상
전국의 풍수지리가 / 장의업을 하시는 분 / 지하 매설물
을 찾고자 하는 각종 광산업의 관계자(각종 보석류 및
해저 탐사) / 펜듈럼에 관심 있는 분 / 초능력의 세계에
관심 있는 분

■ 신청 방법
회원으로 가입하시려면 3만원의 입회비를 보내시고 전화
로 주소, 성명을 전해 주시면 회원신청서를 보내 드립니
다.

• 한빛은행 456-08-192572 (예금주 : 유원)

풍수와 건강궁합

지은이/유경호
펴낸이/배기순
펴낸곳/하남출판사

초판1쇄/1999년 10월 15일

등록번호/제10-0221호

서울시 종로구 관훈동 198-16 남도BD
전화 (02)720-3211(代)/팩스(02)720-0312
홈페이지 http://www.hnp.co.kr
e-mail : hanam@hnp.co.kr

ⓒ 유경호, 1999

ISBN 89-7534-139-9

몸과 마음의 균형을 잡아 주는

해인사 정경스님의

참선요가

- 참선요가가 인체에 미치는 영향 -

- 혈액순환을 왕성하게 한다.
- 내장 기능 활성화와 숙변을 완벽히 제거하고 방지한다.
- 호흡으로 인한 모든 질병을 치료, 예방한다.
- 척추 및 골격의 비정상적인 상태를 개선한다.
- 탄력있는 피부와 젊음을 유지시킨다.

좋은 습관과 바른 자세를 갖고 있는 사람은 그의 삶 그대로가 완벽한 건강법이다. 우리의 잘못된 일상생활이 야기시킨 온전치 않은 인체의 비정상적인 상태를 균형 있고 순수한 기능으로 정상화시켜 준다.

**쉽게 따라할 수 있는
책과 비디오 출시!!**

＊책 9,000원　＊비디오 15,000원

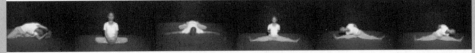

☆ 하남출판사 책은 전국서점 건강코너에 있습니다.  하남출판사

※ 전화 주문 가능
전화 (02) 720-3211
팩스 (02) 720-0312